Kurt Aebli
Küß mich einmal ordentlich

Prosa

Suhrkamp

edition suhrkamp 1618
Neue Folge Band 618
Erste Auflage 1990
© Suhrkamp Verlag Frankfurt am Main 1990
Erstausgabe
Satz: IBV, Berlin
Druck: Nomos Verlagsgesellschaft, Baden-Baden
Umschlagentwurf: Willy Fleckhaus
Printed in Germany

1 2 3 4 5 6 – 95 94 93 92 91 90

Küß mich einmal
ordentlich

»Meines Erachtens heißt schreiben
und mitteilen:
fähig sein, jedem beliebigen Menschen
jede beliebige Sache
glaubhaft zu machen.«

J. M. G. Le Clézio

Der Koffer

Ein Mann, nennen wir ihn Block, steigt, erfinden wir
etwas, mit einem Koffer in der Hand in den Keller. So
beginnen Geschichten. Irrtum. So hören sie auf. Alle.
Ohne Ausnahme. Auch diese beginnt nicht anders.
Auch die vorliegende geht mit einem Koffer, der in den
Keller getragen wird, zu Ende. Der Mann heißt Block.
Was ich über ihn weiß, erfährt keiner von mir. Was er
in der Hand hält, hat Ähnlichkeit mit einem stattlichen
Reisekoffer. Die Farbe des Koffers ist blau. Einzelheiten, möglichst viele, tragen zur Genauigkeit bei. Was ist
im Koffer? Niemand braucht es zu wissen. Im Koffer
befindet sich ein zweiter Koffer. Die Farbe des Koffers
im Koffer tut nichts zur Sache. Der Koffer im Koffer
bleibt unsichtbar. Ist er nichts als eine lächerliche Behauptung, die durch nichts in der Welt zu beweisen ist?
Ich weiß, wovon ich spreche. Vom Koffer. Von welchem? Vom Koffer im Koffer, der von einem Block, einem gewissen, in den Keller getragen wird. Block, der
auch Kolb oder Kalb heißen könnte, ist die tragende Fi-
gur einer Geschichte, die sich alles in allem um einen
Koffer in einem Koffer dreht. Was aber ist im Koffer
im Koffer? Nichts. Der Koffer ist leer. Der Koffer, den
ich meine, enthält nicht die geringste Kleinigkeit. Damit wären wir bei der Kellerfrage. Sie lautet: warum in
den Keller? Warum werden zwei Koffer, deren einer
nur deshalb nicht leer genannt werden kann, weil er den

zweiten, mit Recht leer genannten, enthält, ausgerechnet in den Keller getragen? Die Frage wäre einzig im Keller zu beantworten. Wie groß jedoch mag, so fragt man sich, unsere Bereitschaft sein, in den Keller hinabzusteigen, noch dazu mit einem Koffer in der Hand, zumal dieser nichts als einen weiteren Koffer enthält?

Der Brief

Heer erhielt einen Brief, in dem ihm nahegelegt wurde, die Stadt zu verlassen. Der Brief ließ keine Rückschlüsse auf die Person des Absenders zu. Heer sagte sich: Ich bin Buchhändler. Ich besitze ein weißes Cabriolet. Er knickte in der Mitte ein. Zusammengefaltet wie ein Stück Papier betrat er die Buchhandlung und schloß hinter sich die Tür ab. Wahllos nahm er ein Buch aus einem der Regale und schlug es irgendwo auf. Zufällig fiel sein Blick auf einen der Sätze. Er las: Entschuldige den Ausdruck, aber du wußtest doch verdammt genau, daß dies meinen Untergang bedeuten würde. Zusammengefaltet wie er war, legte er sich zwischen die Seiten, klappte das Buch zu und stellte es an seinen Platz zurück.

November

Von wegen sich regen bringt Segen, dachte Hagen. Ich bleibe lieber zu Hause. Das hat genügend Beweiskraft. Da braucht gar nicht erst Stimmung aufzukommen. Da sind wir mittendrin im Fehlen der Unterscheidungsmöglichkeit zwischen Bewegung und Nichtbewegung. Draußen durchwühlte ein Sturm die novemberkühle Luft. Gelbe Blätter schwirrten schaukelnd zur Erde. Ja, ich weiß, daß ich ein Toter bin. Ja, ich weiß, daß ich mich den Blicken schmutziger Spione nirgends entziehen kann. Ja, ich weiß, daß die Dinge rauschender sind als der Gedanke, der sich abmüht, ihr Bild zu beschwören. Im großen und ganzen sage ich mir etwas, das ich mir, indem ich mir nichts sage, sagen könnte. Sagen bringt Klagen und Segen bloß Regen. Hagen blieb zu Hause und dachte über das Wetter nach.

Im Café

Die meisten Leute behandelten Busch mit einer Mischung aus scheuer Zurückhaltung und unverhohlener Verachtung. Bloß 1,55 Meter groß und, was noch schwerer wog, von schwarzer Hautfarbe, kleidete er sich stets von oben bis unten ganz schwarz und trug eine schwarze Matrosenmütze. Vielleicht war es auch eine Straßenfegermütze. Auf jeden Fall wurde Busch, wohin er auch ging, von allen möglichen Leuten beäugt, als wäre er der Teufel höchstpersönlich. Zur Hölle mit ihnen, Busch ließ sich nichts vorschreiben. Er hatte Gewohnheiten entwickelt, die dazu geeignet waren, die Menschen von sich fernzuhalten. Saß er allein in einem Café, konnte es vorkommen, daß er plötzlich vom Stuhl aufsprang und im Raum hin und her zu laufen begann. Dabei memorierte er, was ihm an Sätzen durch den Kopf ging. Stets beschäftigte ihn die Lektüre irgendeines Buches von diesem oder jenem seiner bevorzugten Schriftsteller. Für seine Umgebung hatte Busch keinen Blick übrig. Diese herausgeputzten Gänse, sagte er höchstens, oder: diese schwachköpfigen Prahlhänse. Außer Gebrauch geratene Ausdrücke erregten ein besonderes Wonnegefühl in ihm. Er konnte sie sich stundenlang vorsagen. Sie vor sich hinzusummen war ein wahrer Genuß.

Ruderlage

Nichts zu sagen haben, ein schwerer Zwang. Nichts konnte beispielsweise heißen: ich meditiere über die Ruderlage nach; oder: wie man einen Lederdeckel schließt, wenn die Bettwäsche bereits zerknittert ist; kurz: nichts konnte vielerlei heißen und blieb doch immer eines, nämlich: nichts. Kurz vor neunzehn Uhr kam Nissen, und das war natürlich nicht er selber, sondern nur die Kruste, die sich um ein konzentriertes Horchen gebildet hatte, aus einem Kino, in welchem er wesentliche Partien des Filmes »Der Ikonograph und sein Pudel« verschlafen hatte. Als nächstes stand eine Vernissage bevor, die er, wie zu vermuten war, in einer Ecke stehend, das Glas in der Hand, mit der Betrachtung der zwischen den Gemälden seines Freundes Hammerschmid sichtbaren Teile der weißgetünchten Galeriewände über sich ergehen lassen würde. Daß es nicht bei dieser in sich selber ruhenden Beschäftigung mit seiner Abwesenheit von Ereignissen, die von ihm nicht als solche gewertet wurden, blieb, wurde durch den Umstand verhindert, daß die Frau von Robert S., Alexandra, es an diesem Abend auf ihn abgesehen hatte. Während er gerade in eine bemerkenswerte Tönung versunken war, die noch nicht einmal ein Fleck genannt zu werden verdiente, die ihm jedoch eine Stelle des Wandstücks zwischen zwei Aquarellen irgendwie geheimnisvoll erscheinen ließ, sprach sie ihn in gebro-

chenem Deutsch an. Obwohl er das wenigste verstand, nickte er wiederholt, wobei er es vermied, sich
durch die Fortsetzung ihrer Rede von einem Fältchen
ablenken zu lassen, welches sich in unheimlicher Syn-
chronie zu den Bewegungen ihrer Lippen auf ihrer
Stirn öffnete und schloß, so daß man sich einbilden
konnte, daß die von ihr gesprochenen Wörter und
Sätze ohne den üblichen Umweg direkt aus der Stelle,
wo sie im Hirn gebildet wurden, ans Ohr drangen. Allmählich, sehr allmählich schälte Nissen unter den Hül-
len der von ihr geäußerten Satzfolgen den Sinn heraus.

Erlebnis

Jedem Menschen hätte Dralle sein großes Erlebnis erzählen wollen. Jeder Mensch hätte ihm mit vor Bewunderung glänzenden Augen zugehört. Jedem Menschen glänzten die Augen vor Bewunderung, wenn Dralle seine Erzählung zum besten gab. Ich habe, fing er an, etwas Großes erlebt. Dieses Große sah aus wie ein Schwarm pastellfarbener Städte, die ruhig und heiter aus den Wogen auftauchen. In welcher möchtest du wohnen, fragte die Stewardess. Mein Wunsch war, der Nationalgalerie einen Besuch abzustatten. In einem grellvioletten Cabriolet wurde ich hingefahren. Ein Herr wollte von mir wissen: Sind Sie nicht der Meinung, daß wir hier eine herrliche Sammlung von Türmen, Burggräben, babylonischen Stufen, ägyptischen Pyramiden und mohammedanischen Minaretten vor uns haben? Wir kamen überein, uns nur noch eines einzigen Beines zur Fortbewegung zu bedienen. Auf diese Weise war niemand in der Lage, uns Angst einzujagen. Eine Dame hielt uns für Fälle von sexueller Abartigkeit. Unsere Stimmungen wechselten ununterbrochen.

Die Fliege

Eine Fliege kroch über sein rechtes Brillenglas. Wild sah ihren schwarzen Leib dicht vor sich und hatte die Empfindung, als berührten die kalten, steifen, womöglich mit mikroskopisch kleinen Härchen bewachsenen Fliegenbeine seinen Augapfel, dessen Apfelhaftigkeit nichtsdestoweniger eine fragwürdige Angelegenheit blieb. Ein Bierfilz in einer Hand, die Beschäftigung zu suchen schien, wurde andernorts Bierdeckel genannt. Beide Bezeichnungen ließen aufhorchen: weder hatte das in Frage stehende Unterschiebsel etwas mit einem Filz noch mit einem Deckel gemeinsam. Wild küßte in Gedanken eine Unbekannte auf die Unterlippe, was infolge der Distanz kein problemloses Unterfangen war, doch er mochte, daran war entschieden nichts zu ändern, ihre Oberlippe nicht. Einen Atemzug später verfiel er in einen jener panischen Zustände von der Heftigkeit einer inneren Seekrankheit. Seine Augen schwirrten durch den Raum, als suchten sie so etwas wie das menschliche Fliegenpapier im Kreis der Anwesenden.

Das Fenster

Leichtes Zögern schob ihn quer durchs Zimmer. Birne begann, das Klavier totzuschlagen. Na schön, sagte die schwarze Politur und legte die Hände zwischen die Saiten, die das Getöse eines Preßlufthammers mit kaltem Jammer nachahmten. Ich habe unsere hundertjährigen Kinder abgeschmirgelt, sagte Birne. Ich rolle die Farbe in die Weinlaube, sagte Angela, hast du Hitler die Zähne geputzt? Du mußt ihm mehr Geld geben. Er blutet aus dem Postkasten und vergißt die Giraffe vor Angst. Im Gefrierfach fällt Regen, sagte Birne, das elektrische Licht hat wieder gelogen, und ich weiß nicht, mit welcher Hand ich deine Mutter essen soll. Willst du nicht endlich dieses Diplom von der Handelsschule aus deinem Leben fortschaffen, sagte Angela, willst du dir nicht endlich interessante Nachbarn kaufen und eine elektronische Datenverarbeitungsmaschine hineinpacken, damit wir einmal im Jahr das Penizillin anderer Leute auf Fahrt mitnehmen können? Du hast mir heterosexuelle Telegramme geschickt, sagte Birne, du hast mir fünf Minuten Parsifal mit roten Ledersitzen geschenkt. Habe ich mir etwas darauf eingebildet, weil ich auf Händen und Knien verdorben war? Unsere Kinder sind Unsinn, sagte Angela. Ich dachte, du wolltest einen toten Schmetterling zum Abschied, sagte Birne. Warum ist er nicht aus Stahl, sagte Angela. Das Klavier bekommt ein Fenster, sagte Birne.

Wie wollen wir es taufen, sagte Angela. Blaue Sonne, sagte Birne und sprang hinaus.

Gwenda

Als Merk feststellte, daß er Gwenda nicht liebte, brach Gwenda in laute Seufzer aus. Merks Anklageregister war so groß, daß Gwenda noch einmal seufzte. Anschließend trippelte Merk in lohbraunen Schuhen seines Weges.

Die Namen der Schiffe

Es geschah, während Macke schlief. Baumaschinen rissen das ganze Viertel ab. Es mußte alles sehr schnell gegangen sein. Als er erwachte, stand sein Bett inmitten eines Trümmerfeldes. Berge von Ziegelsteinen, Glas und Schutt, aus denen seltsam verbogene Eisenverstrebungen und elektrische Leitungen hervorstanden. Welch ein Unglück für einen Menschen, den bereits die Aussicht, ohne Frühstück das Haus verlassen zu müssen, in Verzweiflung brachte. Macke öffnete die Schranktür und betrachtete seine Garderobe. Er begann sich an seine neuen Verhältnisse zu gewöhnen. Wenn er aus dem Fenster schaute, sah er die Küste von Frankreich. Manchmal kamen sogar Schiffe, richtige Hochseetanker. Macke wünschte sich insgeheim ein Fernrohr, um ihre Namen lesen zu können.

Die Winkeltheorie

In einem Richtung Porte de Clignancourt fahrenden Zug der Linie 4 sah Messer eine junge Frau, die sich mit Hilfe eines kleinen Spiegels die Wimpern schminkte. Da sie dies um ein Uhr nachts und, obwohl er sie unverfroren dabei beobachtete, mit anmutiger Gelassenheit tat, nahm er an, daß die Gesichtsverschönerung für ihn vorgenommen werde, eine Vermutung, die durch den Umstand erhärtet wurde, daß außer ihnen beiden kaum noch jemand unterwegs war. Ohne seine willentliche Beihilfe wurde aus seinem Mund das Angebot, das frischgetuschte Wimpernpaar nach Hause zu begleiten, vernehmbar. Die Frau hieß Ingrid. Dagegen, daß sie Pariserin hätte sein können, sprachen nach Messers Einschätzung weder ihre orientalisch geschwungenen Lippen noch die in die Stirn fallenden Fransen ihres halblang geschnittenen Haares. Alles an ihrer unverdrossenen, zuweilen etwas zum Hochmut neigenden Art schien dagegen Zweifel an der Tatsache wecken zu wollen, daß ihr wirklicher Herkunftsort der siebte Gemeindebezirk Wiens war. Aus ihrer heftigen Abneigung machte sie kein Geheimnis: ein einziger Sumpf war die ganze Stadt Wien, sofern man einem ihrer Aussprüche Glauben schenkte, den sie so häufig hören ließ, als wollte sie damit eine Erklärung für ihre etwas plump anmutende Gangart abgeben, die wahrscheinlich daher rührte, daß sie in Gedanken noch immer, und dies unter dem klaren strengen Himmel von Paris, mit jedem Schritt knöcheltief im Schlamm der einstigen k. und k.-Metropole versank. Am Tag darauf sah man die beiden in einem Café am Boulevard Barbès, wo sie, als entspräche dies einer alten Gewohnheit, gemeinsam frühstückten. Obwohl keine einzige brennende Giraffe sich zockelnd inmitten des Verkehrs bewegte, und keine der Uhren, die ein Afrikaner wie ein irgendwo abgerissenes Blumenbüschel zum Verkauf anbot, sich im Zustand schmelzender Auflösung befand, ließen die Zeitungen es sich nicht nehmen, sich von Salvador Dalì zu verabschieden, indem sie in einer Mischung aus wehmütigem Triumph und unverhohlener Schadenfreude feststellten, daß auch ein Genie sterblich sei. Messer seinerseits grübelte über eine Empfindung nach, die ihn davon zu überzeugen versuchte, daß das Glück ihn zu etwas Durchschnittlichem zu machen drohte. Wenngleich das Glück ein wunderbarer Zustand war, als hätte man ohne die Anstrengung des Ein- und Ausatmens den herrlichsten Duft unentwegt in der Nase gehabt, war letztlich die Tatsache nicht zu leugnen, daß ihn dieser sogenannte Ausnahmezustand, in dem sich Milliarden anderer irgendwann befunden haben mochten oder immer noch befanden, eben diesen Milliarden gleich werden ließ. Nicht anders als er hatten sie sich der Illusion hingegeben, etwas unbeschreiblich Einmaliges zu erleben, während sich bei nüchterner Betrachtung des Phänomens die Überlegung aufdrängte, daß die rauschhafte Benebelung der Sinne einen sozusagen globalen Zweck erfüllte. Hatte die größenwahnsinnige Genialität eines Dalì diesen nicht davor bewahren können, ebenso sterblich zu sein wie Herr Hinz oder Frau Kunz, so war eines Messers vermutlich bloß eingebildete Einzigartigkeit kein geeignetes Mittel gegen die trügerischen Anwandlungen eines ganz und gar durchschnittlichen Verliebtseins. Die Mittelmäßigkeit seines frischerworbenen Gefühlszustandes war allein schon an der Tatsache zu erkennen, daß dieser ihn der kindischen Vorstellung auslieferte, er säße mit Ingrid im Abteil eines Zuges, der mit ihnen über Wiesen und Felder, durch unbekannte Städte und nie gesehene Dörfer raste. Sooft er in ihr Gesicht sah, kletterte der Zug langsam die Alpen hinauf, deren Gipfel in blendendem Schnee leuchteten. Die Strahlen der Morgensonne fielen horizontal herab, der Zug durchquerte weiße Wälder an den Hängen tiefer, steiler Täler, und das Abteil wurde vom Widerschein des hellen, frischen Lichtes vollständig überflutet. In einer Nacht, da sie in Ingrids Dachkammer in einem Miethaus in der Nähe des Montmartre nebeneinander lagen, wurde Messer von einem Traum heimgesucht. An einer Bushaltestelle in einer fremden Stadt fiel ihm eine Frau auf. Er unternahm einen Annäherungsversuch und wurde nicht zurückgewiesen. Aufgrund einer Äußerung, die sie machte, erkannte er erst, mit wem er sich unterhielt. Es war Ingrid. Im selben Augenblick wurde er der Ursache seines rätselhaften Nichterkannthabens gewahr. Die vor ihm Stehende hatte sich nicht rasiert. Nie zuvor war ihm der abstoßend starke Bartwuchs an ihr aufgefallen. Alles an ihr war ihm lieb und vertraut bis auf die Stoppeln, die auf tagelange Vernachlässigung einer männlichen Gesellschaftswesen vorbehaltenen Gesichtspflege schließen ließ. Wenn es ihr künftig gelang, die Gesichtsbehaarung vor ihm zu verbergen oder sie gänzlich loszuwerden, änderte dies nichts an seiner Unfähigkeit, das Scheusal einer Frau zu vergessen, die, wie um seinen Ekel endgültig und ausschließlich werden zu lassen, von Dingen zu reden begann, die ihm vollkommen belanglos vorkamen. Mit Hilfe von Kreidezeichnungen, auf einer wie auf einen geheimen Wink hin ihr plötzlich zur Verfügung stehenden Schiefertafel minutiös ausgeführt, versuchte ihm die Person, die ihm immer unangenehmere Empfindungen einflößte, etwas klar zu machen, was sie wiederholtermaßen als ihre Winkeltheorie bezeichnete. Um sich ihrer zu entledigen, wechselte Messer von einem Hotel an der Rue Marcadet, welches seine bisherige Adresse gewesen war, in ein an der Rue des Archives gelegenes. In diesem Viertel, Marais, also Sumpf genannt, war er sicher, ihr nicht mehr zu begegnen.

Freiwild

Nichts ist häßlicher, nichts anstößiger als der öffentliche Anblick eines zur Verrichtung seiner Notdurft niederkauernden Hundes, dessen Rute steif und zitternd vor krampfartiger Anstrengung absteht. Ist es überhaupt möglich, wurde Feiertags Gedankengang von ihm selber weitergedacht, bei Hunden von Notdurft zu sprechen? Er erinnerte sich, irgendwo auf den Ausdruck das Versäubernlassen von Hunden gestoßen zu sein, wobei es sich ganz und gar in seinem Sinn um die Formulierung eines Verbotes gehandelt hatte. War es vorzuziehen, eine Sprachverhunzung krassesten Ausmaßes in Kauf zu nehmen, um dafür von dem beschriebenen Entleerungsanblick nirgends mehr Notiz nehmen zu müssen? Bevor er dazu gelangte, sämtliche Argumente gegeneinander abzuwägen, die für die Bevorzugung des einen oder andern der beiden Mißstände sprachen, hatte er bereits die U-Bahnstation erreicht. Als er gerade seinen Fahrschein am Entwertungsautomaten abstempeln ließ, fiel sein Blick neuerdings auf die vierbeinige Kreatur, die er draußen auf der Straße beim Verrichten ihres Geschäftes beobachtet hatte. Was wollte die allem Anschein nach herrenlos herumstreunende Straßenmischung von ihm? War sie ihm womöglich in der Hoffnung, haustierliebhabereimäßig bei ihm Aufnahme zu finden, gefolgt? Feiertag beschleunigte seine Schritte, trabte, ohne sich noch einmal umzusehen, die Treppe zum Bahnsteig hinunter und bestieg einen eben einfahrenden Zug. Kaum war die Waggontür mit Automatengewalt hinter ihm zugedonnert, als sich die Stimme eines neben ihm stehenden älteren Herrn vernehmen ließ, der ihn mit einer Höflichkeit, die an Vertraulichkeit grenzte, darauf aufmerksam machte, daß Hunde in öffentlichen Verkehrsmitteln nicht nur an der Leine zu führen, sondern darüber hinaus ausschließlich mit umgelegtem Beißkorb zugelassen seien. Feiertag wollte entgegnen, daß seine Beißlust sich bis anhin nie unter Transportgeld entrichtet habenden Fahrgästen Befriedigung verschafft habe, als hinter seinem Rücken die überfallkommandoartig an die Gesamtheit der Anwesenden gerichtete Aufforderung zu hören war, sämtliche Fahrscheine zum Zweck der Kontrolle vorzuweisen. Obwohl im Besitz eines ordnungsgemäß automatengestempelten Fahrscheins, der ihn zur einfachen Fahrt innerhalb des Streckennetzes der städtischen Verkehrsbetriebe berechtigte, zuckte Feiertag innerlich zu Tode erschrocken zusammen, wobei diese Reaktion nur zu einem geringen Teil auf den Umstand zurückzuführen war, daß ihm die Erinnerung an Zeiten, in denen er als schwarzfahrendes Freiwild sich vor derartigen Situationen geängstigt hatte, immer noch in den Gliedern saß, in weit größerem Umfang jedoch auf eine Empfindung, die von seiner rechten Hand ausging und die daher rührte, daß die verfluchte Hundeschnauze ihn mit glitschig feuchter Zunge berührte.

Balgerei

Im Bewußtsein, daß die Sachlage sich durchs Band
ernsthaft gestaltete, gab Schlick sich geistreichen Asso-
ziationen hin. Irgendwo im Hintergrund machte sich
das Gekicher einer Puppe bemerkbar. Mein Name ist
Paul Schlick, sagte Schlick, ich mag Ihr Lachen nicht.
Ihr Begleiter war so etwas wie Kunststudent im, falls
keine Täuschung vorlag, elften Semester. Schlick fuhr
fort: In Anbetracht der Tatsache Ihres auf meine Sinne
Reiz ausübenden Körperbaus vergebe ich Ihnen Ihr gewiß nicht mehr als sechzehnjähriges Kichern. Ich kann
jedoch nicht umhin, Sie zu einer kleinen Balgerei aufzufordern. Die Wahl der Waffen überlasse ich Ihrer
Entscheidung. Die Versicherung, daß ich nicht nur alle
viere von mir strecken werde, möge Sie von der Leich-
tigkeit, mit der Sie aus diesem Turnier als strahlende
Siegerin hervorgehen werden, restlos überzeugen. Auf
Traumsohlen ging Schlick weit nach Mitternacht heim-
wärts.

Das Zimmer

Dreizehnter August, nachmittags gegen drei. Hirnsack sagte sich: Es ist nachmittags gegen drei. Dies ist eine willkürliche Annahme. Eine Frau saß mit einer Strickarbeit beschäftigt in einem Geschäft, in welchem pornographische Erzeugnisse feilgeboten wurden. Die Tür stand der Hitze wegen offen. Sein Blick fiel im Vorbeigehen hinein. Nehmen wir an, dachte er, es beginne etwas, von dem, einmal willkürlich zum Abschluß gebracht, nicht zu sagen sein wird, was es gewesen ist. Dieses Etwas erhält den Namen Ich. Etwas später, er war eigentlich kein Freund präziser Zeitangaben, saß Hirnsack in einem Gastgarten. Meinungen wurden mit Bier begossen, endlose Dispute in Krawattenform glattgestrichen, Speichelleckereien mitsamt dem Teller, auf dem sie serviert worden waren, hinuntergeschlungen. Hirnsack war mit dem Zug angereist. Er hatte die Absicht, sich in der Stadt nach einer Unterkunft umzusehen. Mit einem Bus der Linie vierunddreißig fuhr er in ein Viertel, das punkto Sauberkeit und Ordnung als Aushängeschild für die ganze durch Sauberkeits- und Ordnungsbevorzugung weltbekannte Nation hätte dienen können. Die Straße, in der es ein Zimmer zu besichtigen gab, war unter der Bezeichnung Im Heimatland im Straßenverzeichnis registriert. Hirnsack betätigte die Klingel von Haus Nummer Vierzig. Unter einer dicken Kosmetikschicht hervor kam Begrüßung.

Vor ihm stand eine ältere Dame mit falscher Perlen-kette und echten Wasserbeinen. Sie redete in einer Mi-nute soviel wie andere im Verlauf eines ganzen Tages. Das Zimmer, das sie ihm zeigte, war, wie sie sagte, das Zimmer ihres Sohnes gewesen. Es war vollgestopft mit Ramsch. Hirnsack erfuhr, daß der Sohn einer Dame Bankangestellter war. Die Dame erhob ihre Stimme. Ich habe nichts gegen Ausländer, sagte sie. Ich möchte, daß wir uns richtig verstehn: Mein Sohn legt Wert dar-auf, daß eine Person von Anstand des Zimmer über-nimmt. Versehentlich drückte Hirnsack der Dame zum Abschied die Hand.

Der Pullover

Die leuchtend grüne Glasfront eines Aquariums teilte das Café in zwei Räume. Die wohlgeformten langen Beine einer jungen Frau bewegten sich in den zur Straße gelegenen Teil des Lokals, verschwanden hinter dem Aquarium und kehrten wieder zurück. Wurzel bestellte eine zweite Tasse Kaffee. Es dauerte eine Weile, bis die Frau sein Lächeln erwiderte. In diesem Augenblick trat eine ältere Dame dazwischen. Es schien sich um die Mutter zu handeln. Wurzel folgte den beiden in ein Warenhaus. Das Mädchen verschwand mit einem bunten Pullover in einer Anprobekabine. Musikähnliches Tingeln säuselte aus verborgenen Lautsprechern. Eine Stimme verkündete das Angebot aller Angebote. Wurzel griff eines der Wollerzeugnisse von einem Stapel und tauchte in die Nebenkabine. Mit angehaltenem Atem sprach er zur Verkäuferin: Ich nehme den hier. Wieder auf der Straße hielt er die erstbeste Vorübergehende an. Ich möchte Ihnen einen Pullover schenken, ich glaube, er hat haargenau Ihre Größe. Die Angesprochene bedankte sich bei ihm nicht. Wurzel lief ihr nach. Er hatte die Absicht, sich näher zu erklären. Die Person schnitt ihm das Wort ab. Sie drohte, die Polizei zu rufen. Er blickte der Davoneilenden, bis sie verschwunden war, nach. Es war nicht seine Art, Unschuldswesen anzurempeln. Dazu ließ er es zu sehr an männlicher Entschlossenheit fehlen. Er war geradezu versessen darauf, Niederlagen einzustecken. Sie forderten ihn heraus, nach immer neuen Niederlagen zu streben. Keine Niederlage hatte es so sehr in sich wie jene, die darin bestand, von einer Vertreterin des weiblichen Geschlechts mit Verachtung bestraft zu werden. Darf ich Ihnen einen Pullover schenken, hörte er sich von neuem sagen, ich bin überzeugt, daß er Ihnen vorzüglich stehen wird. Die Dame, der die Anrede gegolten hatte, fragte sich im stillen, wie sie dazu komme, sich von einem Wildfremden beschenken zu lassen. Weit davon entfernt, die Flinte, die ihm nicht zur Verfügung stand, in ein Kornfeld zu werfen, von dem weit und breit nichts zu sehen war, trat Wurzel näher und flüsterte ihr ins Ohr: Beleidige mich bitte, es erregt mich, es erregt mich so sehr.

Das Frühstück

Erzählen Sie mir etwas aus Ihrem früheren Leben, sagte Nancy, die ihn mit bezaubernden Katzenaugen zu streicheln schien. Ich war sehr hübsch, sagte Blume. Ich roch nach Eisenkraut. Außer Englisch und Italienisch sprach ich auch ziemlich gut Französisch. Ich liebte Gott wie ein Kirchenfunktionär, der gleich unter dem Bischofsrang steht. Ich kaufte mir ein großes dreistöckiges Haus, um irgendwo in Ruhe frühstücken zu können. Ich kannte den Norden besser als den Süden. Mein kranker Großvater pflegte »mein stürmischer Junge« zu mir zu sagen. Ich liebte ihn wie ein netter junger Mann, der in der Computerabteilung zu gebrauchen war. Sie sind ein netter junger Mann, sagte Nancy, was wie eine Einladung klang, sich auch außerhalb der Computerabteilung brauchbar zu zeigen. Blume aber frühstückte. Er ließ sich durch die Morgenandacht, die dreisprachig aus dem Radio tönte, nicht aus der Ruhe bringen. Ein Strauß Eisenkraut stand vor ihm auf dem Tisch. An der Wand hing ein Bild seines kranken Großvaters. Ein hübscher Sturm blies von Süden nach Norden und brachte das dreistöckige Haus zum Einsturz.

Aus dem Verkehr gezogen

Fatima sog an ihrer Zigarette und ließ den Rauch aus dem offenen Mund quellen, in dem sich die Zunge wie ein schläfriges Tier bewegte. Watte sagte: Ich habe beschlossen, dir mein Leben zu erzählen. Man sagt, ich sei in Atlantic City geboren. Anderen Quellen zufolge soll das für mein späteres Leben folgenreiche Geschehnis in einem kleinen Dorf in Niedersachsen stattgefunden haben. Der Name des Ortes, der vermutlich nicht einmal einen eigenen Bahnhof hat, ist mir nicht bekannt. Später kaufte Watte eine Zeitung und verschwand damit in einem Café. Ein Mann in dunkelbraunem Anzug setzte sich ihm gegenüber. Mein Vater, sagte der Mann, war der Meinung, es habe keinen Sinn, Geschichten zu erzählen. Ich denke darüber anders. Ich werde Ihnen eine Geschichte erzählen. Sie beginnt mit dem Grau, das dem Tagesanbruch vorangeht. Dieses Grau ist eine weite unter lastenden Wolken liegende Welt. Kinder werden darin geboren, Schiffe gehen unter, Dorfschaften werden überflutet. Die Geschichte jedoch endet nicht, sie wird, so sagt man, aus dem Verkehr gezogen.

Schau dir das Licht an

Andere waren bereits dort, wo Feinstein erst hinzu-
kommen gedachte: Sie lehnten ihn ab. Ohne jede Anstrengung. Ohne Zweifel. Ohne Gewalt. War, was er
sich selber bedeutete, nicht nichts? Feinstein plagte
sich. Er erschien sich selber rätselhaft. Da sprach sich
Feinstein zu: Alles ist banal. Oberfläche. Schau dir das
Licht an. Was tut es? Spricht es mit den Bäumen? Ein
Kind zu sein, nicht wenig für dein Alter.

Wind

Wie man in den Wald ruft, so tönt es zurück, trompetete Strahl. Nicht im Traum war es ihm eingefallen, auf seine Person gemünzte Bemerkungen, die ihr Ziel, ihn zu beschämen, verfehlt hatten, auf sich sitzen zu lassen. Geruhen Sie womöglich, eine Art pflanzenbewachsener Hain, dem die Bezeichnung Wald zukommt, zu sein, erkundigte sich sein Gegenüber, verbissen darum kämpfend, die Niederlage durch sture Attacken wettzumachen. Die Frage darf, gab Strahl ohne zu zögern zurück, bejaht werden, wenngleich ich das mithilfe einer einzigen Silbe symbolhaft Umzäunte oft vor lauter Holzgewächsen, bestehend aus Stamm und verzweigtem Wipfel, nicht zu sehen vermag. Dann werde ich, stieß sein vis-à-vis zwischen den Zähnen hervor, nicht zurückstehen, Sie als einen größenwahnsinnigen Hinterwäldler zu bezeichnen. Die soeben präfixartig von Ihnen verwendete Präposition, deren Anfangsbuchstabe ein an Wind erinnerndes H ist, dürfte, im substantivischen Sinn zur Anwendung gebracht, die einzige zwischen Ihnen und mir festzustellende Gemeinsamkeit sein, höhnte Strahl, der die ihm eigentümliche Gewohnheit, stets das letzte Wort zu behalten, siegreich aufrecht erhielt.

Hasenfuß

Ein Komplexbündel namens Rehbein steuerte seine Schritte Richtung Opernallee, eine von Kastanienbäumen gesäumte Verkehrsader, an der sich unweit von der Verpflegungsanstalt, in der sich musikalische Nahrungsbedürfnisse stillen ließen, eine Imbißstube befand. Diese wurde zwecks Einverleibung einer Wurstware aufgesucht, welche der Hungrige mit dem Angelhaken des laut und deutlich vorgebrachten Satzes: – ich hätte gern ein Paar Frankfurter – an Land zog. Mit eingesenfter Speiseröhre wieder auf die Straße tretend, beschlich den wie ein scheues Waldtier Zitternden die unsinnige Furcht, jemand könnte auf den Gedanken kommen, ihn als einen auf frischer Tat ertappten Kannibalen anzuzeigen. Instinktiv fühlte Rehbein, daß seine Miene vor lauter Schuldbewußtsein etwas von der Sprödheit unter Frosteinwirkung stehenden Mauerwerks annahm. Eine Wortgläubigkeit von einer geradezu schwachköpfigen Beharrlichkeit hatte zur Folge, daß er von einer Sekunde zur andern soviel an Haltung verlor, wie ein von Geburt an ins Hintertreffen Geratener gar nie besessen haben konnte.

Harry ist eine Schraube

Harry ist eine Schraube, sagte Liz. Wie meinst du das, murmelte Fleck, dem es gleichgültig war, wie sie es meinte. Seit fünf Jahren verheiratet las er gerade in einem Buch, in welchem Sätze vorkamen, die für ihn von größerem Interesse waren als: Harry ist eine Schraube. Harry ist eine Schraube, verstehst du nicht, sagte Liz. Fleck warf ihr das Buch an den Kopf, zielte auf den Kopf und traf die Lampe, die sie ihm zu seinem fünfunddreißigsten Geburtstag geschenkt hatte. Die ist hin, sagte sie ohne einen Ton des Bedauerns. Ich habe auf deinen Kopf gezielt, sagte Fleck. Harry ist eine Schraube, sagte sie und sah ihn herausfordernd an. Fleck ging in die Küche und holte sich ein Bier. Er trank und ihm wurde wohler. Es kam ihm die Idee, daß es möglich sein müßte, ein ganzes Buch mit Und-Sätzen zu schreiben. Ich zielte auf den Kopf und traf die Lampe. Ich ging in die Küche und trank ein Bier. Ich nahm ein Messer und stieß es ihr in die Brust. Ich sprang aus dem Fenster und war auf der Stelle tot. Fleck kehrte mit der Erwartung ins Wohnzimmer zurück, daß die Szene eine unverzügliche Fortsetzung fände. Statt dessen fand er Liz am Telefon. Harry war einer ihrer Liebhaber. Er hat versucht, mich umzubringen, sagte sie. Mit einem der Bücher, die er dauernd liest. Wenn er mich wenigstens wirklich umbringen würde, sagte sie, statt mich mit seinen Büchern anzuöden.

Fleck nahm ihr den Hörer aus der Hand. Tag Harry, sagte er. Gehst du zum Billard? Harry und Fleck waren Freunde. Sie trafen sich um dreiviertel zehn. Wie hältst du das bloß aus, wollte Harry wissen. Ich lese Wittgenstein, erwiderte Fleck. Ich trinke Bier. Ich schreibe ein Buch und spiele Billard mit Leuten wie dir. Ich halte es für das beste, wandte Harry ein, wenn du dich von Liz scheiden läßt. Du bist eine Schraube, sagte Fleck und stieß die Kugel daneben. Wie meinst du das, fragte Harry aufrichtig empört. Laß es dir von Liz erklären, sagte Fleck. Redet ihr die ganze Zeit über mich, wollte Harry wissen. Wir reden nicht miteinander, verstehn bloß intuitiv, was der andere gemeint haben könnte, antwortete Fleck. Harry machte einen Treffer. Lassen wir das Spiel, sagte er, ich gebe eine Runde aus. Auf Liz, fragte Fleck und hob sein Glas. Auf Liz, sagte Harry und leerte seines in einem Zug.

Küß mich einmal ordentlich

Küß mich einmal ordentlich, sagte Elters malvenfarbi-
ger Schatten zu einem Paar bewußtlos gespreizter
Schenkel, die er für Gerdas feiste Flügelhörner hielt.
Elter konzentrierte sich. Kindheitserlebnisse verram-
melten die Wohnung. Die Sprache beschwor vergit-
terte Fenster herauf. Elter lehnte die Fabrik gegen eine
Antenne. Die Arbeitsbedingungen sträubten sich, die
Sonntagnachmittage anderer Leute zu sein. Elter lag
auf der Couch und lauschte. Diese Hitze, stöhnte das
gespreizte Luder, das sich mit Gerdas aufgedonnerten
Küssen vollaufen ließ.

Das Syndrom

Lange schon war Dehmels Entschluß gereift, Weihnachten in einer Mülltonne zu verbringen. Warum ausgerechnet in einer Mülltonne? Ist nicht, so sagte er sich, der sozusagen tiefer verborgene Sinn meines Vorhabens in dem dadurch hinfällig gewordenen Zwang zu erblicken, mich über die Festtage dünn zu machen, ohne mit der Verwendung dieses Ausdrucks ausschließlich die alkoholische Komponente des Unternehmens angesprochen haben zu wollen? Je mehr er sich die Sache überlegte, desto mehr wuchs seine Überzeugung, daß sein gefaßter Entschluß nicht nur einem langgehegten, gewissermaßen in die unheilige Nacht seines Unbewußten zurückgedrängten Wunsch entsprach, sondern ein in seinen privaten Wänden inszeniertes Ritual darstellte, welches, hätte er sich dazu durchringen können, es in der Öffentlichkeit stattfinden zu lassen, unbestreitbar von allgemeingültig sinnstiftender Symbolkraft gewesen wäre. Diese Überlegung beinhaltete darüber hinaus den unschätzbaren Vorteil, daß er sich gar nicht erst ins Gewühl des vorweihnachtlichen Einkaufsdeliriums zu begeben hatte. Vielmehr konnte er bei einem buchstäblich unbelasteten Spaziergang durch die Stadt sich einen an geeignetem Ort installierten Unratbehälter aussuchen. Vorfreude ist bekanntlich die schönste aller Vergnügungen. Sowie ich meine Wahl getroffen hatte, wir folgen dem

Gang der Ereignisse, indem wir Dehmels eigene Schilderung wiedergeben, vermochte ich den Tag kaum zu erwarten, an welchem ich meine eigentümliche Behausung zu beziehen gedachte. Meine Mülltonne stand in einer gut sichtbaren Ecke des Marienplatzes, wobei zu betonen ist, daß die Bezeichnung des Platzes meine Entscheidung nicht etwa herbeiführte, ihr jedoch, wie ich gern zugebe, den Anstrich von etwas sozusagen unwiderruflich Vorherbestimmtem verlieh. Am Heiligen Abend, sieben Uhr, waren die Straßen und Plätze der Stadt, der Marienplatz miteingeschlossen, wie leergefegt. Sämtliche Kaufhäuser und Geschäfte waren endlich geschlossen. Ich konnte nicht verhindern, daß das unmittelbar bevorstehende Ereignis eine gewisse Nervosität bei mir auslöste. Mich über meine Mülltonne beugend gewahrte ich, daß diese beinah leer war. Meinem Einzug, der einer Art Selbstentsorgungsakt gleichkam, schien nichts im Weg zu stehn. Indes, in eine Mülltonne zu steigen, deren Deckel sich nur bis zu einem Neigungswinkel öffnen ließ, der es dem gehetzten Mülltonnenbenutzer erlaubte, das Schließen außer acht zu lassen, war ein Unterfangen, das eine gewisse turnerische Geschmeidigkeit voraussetzte. Da mir diese nicht sehr ausgeprägt zu eigen war, wäre es mir eine Notwendigkeit gewesen, beide Hände zum Einstieg frei zu haben. Eine Hand jedoch hielt den Deckel, wodurch ich mich gezwungen sah, die heikle Übung einhändig anzugehen. Ein erster Versuch hatte zur Folge, daß die Mülltonne, in die ich ein Bein hineingeschwungen hatte, mit mir aufs Pflaster kippte. Damit beschäftigt, Papiertüten, alte Zeitungen und andere Unappetitlichkeiten von mir abzuschütteln, hörte ich hinter meinem Rücken eine Stimme laut und deutlich sagen: Sie täten besser daran, das Zeug wieder aufzuheben. Die Stimme gehörte dem Weihnachtsmann. Dieser steckte in einer Uniform, wie sie im allgemeinen Beamten des städtischen Polizeiwesens vorbehalten ist. Indem ich das sogenannte Zeug mit bloßen Händen zusammenkehrte und in die Tonne warf, hoffte ich, die Person, deren mythologische Züge nicht darüber hinwegzutäuschen vermochten, daß sie leibhaftig vor mir stand, dazu bewegen zu können, den Weg der Pflicht neuerdings unter die Füße zu nehmen. Da mich indes der Ordnungshüter keine Sekunde aus den Augen ließ, blieb mir nichts übrig, als mich aus dem Staub zu machen, den ich in den Augen des Gesetzes aufgewirbelt zu haben schien. Schließlich gab es auch noch andere Mülltonnen. Meine trotzige Reaktion hätte mich beinah von meinem planmäßigen Vorsatz abgebracht, mich in die eine am dafür vorgesehenen Ort aufgestellte Mülltonne zu setzen. Ich kehrte dorthin zurück. Die Tonne wurde nicht mehr bewacht. Meine Furcht vor Zeugen jedoch war so groß, daß sie mich jede Schwierigkeit beim Einstieg überwinden ließ. Endlich war ich im Inneren angelangt. Deckel zu. Nichts als Finsternis. Ein Gefühl von Wärme breitete sich langsam um meinen Körper. Ich trug einen der Jahreszeit entsprechenden Mantel, in dessen Innentasche, vorsorglich hineingesteckt, sich eine Flasche voll eines wärmenden, geistigen Getränkes befand. Es gab Gründe, die dafür sprachen, daß ein Mensch aus der Flasche trank. Der weihnachtliche Aufenthalt in einem für die Beseitigung von Abfallproblemen

öffentlich bereitgestellten verschließbaren Eimer
schien in meinen Augen nicht nur die Berechtigung zu
beinhalten, von der Verwendung eines womöglich in
Kristallglas gearbeiteten Kelches abzusehen, sondern
auch jene, mir ohne Gesellschaft einen zu genehmigen.
Der Inhalt der Flasche, weit davon entfernt, Champagner zu sein, da eine einzige Flasche des Nobelsprudels
keine ausreichende Grundlage gewesen wäre, eine
lange kalte Dezembernacht im Hohlraum einer Mülltonne heil zu überstehen, war nach Verlauf einiger
Stunden, wie ich vermute, ausgetrunken. Trotz meiner
unbeweglichen Lage spürte ich die Schwere meiner
Glieder. Ich schlief ein und erwachte erst wieder, als jemand von außen den Deckel öffnete und eine Anzahl
von Gegenständen auf meinen Kopf niederprasseln
ließ. Ich wagte nicht, den Deckel meiner Behausung
hochzuheben, um im hereinfallenden Straßenlicht
nachzuschauen, ob sich ein angebissenes Lachsbröt-
chen oder sonst etwas Eßbares darunter befand. Einge-
denk der Gefahr, in einer Situation entdeckt zu werden,
die von der Preisgabe des Anspruchs, als achtenswerter
Erdenbürger zu gelten, nicht sehr weit entfernt war,
überwand ich meine Hungergefühle. Schließlich befand ich mich nicht auf einer gewöhnlichen Party:
Weihnachten war ein Anlaß, für den es sich lohnte, ein
wenig zu leiden. Was ich mir indes nicht im leisesten
auszumalen wagte, nämlich daß meine Entsagung noch
auf dieser Welt eine Belohnung erhielte, wurde zur ver-
blüffenden Tatsache, als sich der Deckel ein zweites
Mal hob. Zuerst geschah nichts, das hereinstrahlende
Licht blendete mich, so daß ich mich noch tiefer in

mein Gehäuse duckte, dann hörte ich eine Stimme über
mir sagen: Schau mal, was ich gefunden habe, eine Pe-
rücke. Schritte näherten sich, eine andere Stimme rief
unter lautem Gelächter: Soll ich sie mir aufsetzen?
Schon fühlte ich harten Zugriff an meinen Haaren,
dann sagte dieselbe Stimme erschrocken: Mensch, das
ist eine Leiche. Darauf der andere: Nichts wie weg hier.
Der Deckel fiel zu, und ein harter Gegenstand kam in
meine zitternden Hände zu liegen. Viel hatte nicht ge-
fehlt, und ich hätte sie vor Entsetzen gefaltet. Der Gegenstand war eine Flasche, die einem der Betrunkenen
vor Schrecken entfallen war. Ich schüttelte sie, sie war
noch mindestens halbvoll, und nahm einen tüchtigen
Schluck. Der billigste Fusel wäre mir nach allem, was
ich im Verlauf weniger Augenblicke durchgemacht
hatte, wie ein Geschenk des Christkinds höchstpersönlich vorgekommen, nur aber war ich doch noch zu
meinem Champagner gekommen. Kurze Zeit später
störte mich das Geheul einer Alarmsirene aus meiner
wiedergewonnenen Gemütsruhe auf. Nach einem ra-
schen Wortwechsel, an dem mehrere Personen beteiligt
waren, den ich jedoch in meinem Schlupfwinkel nicht
verstand, wurde der Deckel abermals aufgerissen. Der
starke Strahl einer Taschenlampe leuchtete herein, und
jemand sagte: Man soll einen Notfallwagen schicken.
Ich hielt den Moment für gekommen, das Mißver-
ständnis aufzuklären, und arbeitete mich umständlich
aus der Tonne heraus. Der Polizeibeamte forderte mich
auf mitzugehen. Die ganze Fahrt über verhielt ich mich
vollkommen still. Ich kam mir selber wie eine Leiche
vor. Auf dem Wachposten lautete die Frage: Sie sind

also ohne Wohnsitz, gehen Sie wenigstens einer gere-
gelten Arbeit nach? Bei mir war es umgekehrt: ich hatte
eine Wohnung, und auch die Miete war pünktlich von
mir überwiesen worden, jedoch für Arbeitsleistungen,
deren Regelmäßigkeit eine Gewähr dafür boten, daß
derjenige, der den Auftrag dazu erteilte, am meisten davon profitierte, hatte ich nicht viel übrig. Ich sagte:
Mein Name ist Soundso, ich wohne dort und dort. Der
Beamte stutzte. Dann griff er zum Telefonhörer, stellte
eine Nummer ein und wiederholte die Angaben, die ich
gemacht hatte. Sie wurden am anderen Ende des Drah-
tes überprüft. Es lag nichts gegen Dehmel vor, ein
Umstand, welcher behördlicherseits den Verdacht
erweckte, man habe es mit einem Fall von niklaustro-
phobischem Wiegensyndrom zu tun. Er wurde einge-
liefert. Sein Fall galt unter gewissen Bedingungen als
heilbar. Bevor es allerdings zu einer Entlassung kam,
nahmen sie ihm das Versprechen ab, daß er sich um eine
Anstellung bemühen würde. Monatelang bemühte er
sich erfolglos. Erst, als er bei der städtischen Müllent-
sorgung vorstellig wurde, klappte es.

Prozeß

Palmes Haar roch nach Aas und zog dadurch Insekten
an. Er verkaufte seine Haut, die niemand haben wollte,
vor dem Eingang zu einem Supermarkt. Die automa-
tisch bewegte Tür ging auf und zu. Palme stand an der
brütendheißen Sonne und fiel in eine Art Sommer-
starre. Irgend jemand äußerte die Befürchtung, die
ganze Stadt und ihre sämtlichen Bewohner setzten sich
der Gefahr einer Seuche aus, falls dem Übel in Gestalt
des eitrigen Gesellen nicht bald ein Ende bereitet
würde. Eine Schar von Beherzten, unter ihnen der Nu-
delfabrikant Krass, nahm sich der Sache an. Krass belie-
ferte das Selbstbedienungsunternehmen seit Jahrzehn-
ten mit Qualitätsprodukten. Von der stillschweigenden
Mehrheit seiner Gesinnungsanhänger wurde er als An-
führer des Stoßtrupps akzeptiert. Seiner Überzeugung
nach war es ratsam, die Ratte in einem höchstens drei
Sekunden dauernden Prozeß wegzuraffen. Entschlossenheit begann sich im Kollektiv auszubreiten. Niemand hielt es für angebracht, sie durch das Vorbringen
eines schüchternen Einwands einzudämmen. Die
Frage, wem die Rolle eines stellvertretenden Exekutiv-
organs zuzuweisen war, wurde in allgemeinem Einver-
nehmen durch das Los entschieden. Es fiel auf Säume.
Dieser zögerte wochenlang, sich seiner Aufgabe mit
unerschrockenem Einsatz zu entledigen und wurde aus
dem durch die Bürgerpflicht der Sauberhaltung geadel-

ten Verband ausgeschlossen. Palme ahnte von den gegen ihn gehegten Plänen nichts. Die Sonne belästigte ihn allzu arg, weshalb er seinen Standort wechselte. Da es sich nunmehr um ein Konkurrenzunternehmen handelte, welches sich schandfleckartig belagert sah, zog sich Krass aus der Angelegenheit zurück. Er hatte keinen Anlaß mehr, sich durch eine im Grenzbereich der Legalität angesiedelte Aktion zu kompromittieren. Seine Mitstreiter verfügten nicht über genügend Selbstzucht zu straffem Alleingang. Sie zerstreuten sich in kürzester Zeit. Palmes Haut war, als der Herbst begann, auf die Größe einer Fliegenlarve zusammengeschrumpft.

Taxi

Klosse sehnte sich nach den Kapriolen großer Liebe. Eines längst vergessenen Tages saß unser Mann in der Straßenbahn. Ihm gegenüber ein Mensch, dem er nichts schuldig war. Dieser Mensch war eine junge Frau mit einem enormen Hunger nach Abwechslung. Klosse sagte: Ich wette, daß Sie verheiratet sind. Die junge Frau zeigte sich verdutzt. Klosse fuhr fort: Ich möchte Sie gern in einem schwarzen Badeanzug fotografieren. Die junge Frau ließ sich nicht aus der Fassung bringen. Sie schulden mir eine Erklärung, sagte sie. Mehr als das, erwiderte Klosse, ich bin bereit, ein ganzes Nachrichtenzentrum in den Dienst Ihrer Anweisungen zu stellen. Die junge Frau schlug die jungen Beine übereinander. Klosse senkte die Stimme: Darf ich Sie zersägen? Die junge Frau erhob sich, ohne den Unverschämten eines Blickes zu würdigen. Bei der nächsten Haltestelle stieg sie aus. Klosse hinterher. Ich pflege täglich mindestens neun Menschen zu zerquetschen, bei Ihnen allerdings würde ich eine Ausnahme machen. Begutachten Sie Millionen meiner Gehirnzellen, bevor Sie in mein Angebot einwilligen. Ist es Ihre unumstößliche Absicht, meiner Schrankenlosigkeit nicht den Vorzug zu geben? Die junge Frau geriet außer Atem. Um Klosse loszuwerden, betrat sie ein Geschäftslokal. Lassen Sie mich in Ruhe, Sie Nervensäge, zischte sie. In dem Geschäft wurden Schwimmwesten feilgeboten. Sie wird ein Taxi bestellen, überlegte Klosse. Und so geschah es auch.

Am Ende der Straße

Die ganze Zeit während der Filmvorführung träumte Stumm davon, sich in einen Schluck Champagner zu verwandeln, der seine eigene Kehle hinunterrann. Es brauchte nicht notwendig Champagner zu sein, aber der Film war eine Mischung zwischen »Johnny Bruster hat deiner Schwester einen Heiratsantrag gemacht« und »Meine Liebe, meine Liebe, seien Sie nicht so leichtsinnig, nicht in unserem Alter«. Sollte er ostentativ rausgehen und dabei etwas von einer von Hand geworfenen Bombe murmeln? Zwei Stunden später verwandelte er sich in einen Riesenpilz, der so groß war, daß man ihn für den Schatten jenes Staubgewächses hielt, das uns alle in den Schatten stellen wird. Stumm war jetzt endlich in der Lage, gewaltiges Aufsehen zu erregen. Er arbeitete innerlich an einem umwerfenden Auftritt, sich ins Gerede zu bringen. Er flog die Stufen hinunter. Er war kein Baby mehr, das am Ende der Straße leise hin und her schwankte.

Doppelnatur

Kante befreite seinen Oberkörper aus einer die Sauer-
stoffaufnahme behindernden Lage und atmete durch.
Wie lange sollte das Verhör, dessen Raffinesse darin bestand, ihn selber sich die Fragen ausdenken zu lassen,
weitergehn? Darf ich endlich Zeuge meines auf die
Welt Kommens sein? Gibt sich mir endlich die Gewißheit, daß alles sich ereignet, wie aus Erzählungen und
Erzählungen von Erzählungen hervorzugehen scheint?
Bin ich von der Doppelnatur dessen, der stets im Ge-
dächtnis behält, was er glücklicherweise fortlaufend
vergißt?

Der Geldgeber

Ich bin auf der Stufe des verachtungswürdigen Gastar-
beiters angelangt, grübelte Grünwald, nachdem ihm
eingefallen war, daß ein Überleben notwendig, um
nicht zu sagen die barste aller baren Notwendigkeiten
war. Sich selber die materielle Fortdauer zu garantie-
ren kam ihn schwerer an als andere, die ihren Wert zu
steigern wußten, deren Mühen sich bezahlt machten,
die des Kniffes innegeworden waren, dessen man sich
zu bedienen hatte, sofern man die Absicht verfolgte, in
den Genuß von Prestige und Wohlstand zu gelangen.
Andere ließen sich einen Anzug maßschneidern, und
der Anfang ihrer Karriere war besiegelt. War man einmal in den Stoff gekleidet, aus dem echte Hochstapler
waren, ließ der Aufstieg ins Kaufmännische nicht lang
auf sich warten. Sooft er, Grünwald, indes die Möglichkeit in Erwägung zog, in einem Verhältnis, das ihn
zu einem Angestellten degradiert haben müßte, sich
durch Arbeitsleistungen verdient zu machen, beschlich ihn die verzweifelte Reue, sich eines Themas
angenommen zu haben, dessen Erörterung einen Man-
gel an Haltung erkennen ließ. Ich sitze tief in der Tinte
einer mich an den Rand des Abgrunds treibenden Zah-
lungsmittelnot, und diese Lage, allein schon ein Grund
zur Verbitterung, wird noch durch mich selber, nämlich durch meinen trostlosen Hang zu zweckloser Grü-
belei verschlimmert, lautete der Vorwurf, den er in

Ermangelung eines geeigneten Abnehmers an sich selber richtete. Kraft einer Phantasie, die sich von den ge-
wagtesten Spekulationen im Gebiet des stillschweigend
als machbar Vorausgesetzten nicht abhalten ließ,
konnte, was ihm fehlte, als etwas auf der Hand Liegen-
des bezeichnet werden. Mit etwas Unverfrorenheit auf
einen Begriff gebracht, war das Ziel, auf das sich seine
wiedererwachende Handlungsentschlossenheit zu rich-
ten hätte, eine Person, die in vergangenen, im Zeichen
von Kunstsinn stehengebliebenen Zeiten als Mäzen titu-
liert worden wäre. Einen solchen galt es aufzustöbern,
selbst wenn zu diesem Behuf eine mehreren Jahrhun-
derten entstammende Staubschicht abzutragen war.
Doch, angenommen, es hätte ihn irgendwo gegeben,
diesen höheren Zwecken nicht abgeneigten Spenda-
blen, angenommen, er hätte sich unter anderem um ein
Jungtalent Grünwaldschen Zuschnitts gekümmert, angenommen, dieser hätte sich durch Zuwendungen grö-
ßeren Ausmaßes nicht erpreßt gefühlt, Leistungen, die
als Höchstleistungen ins Wertverzeichnis bleibender
Werte eingetragen werden konnten, zu erbringen, angenommen, er hätte Höchstleistungen aus dem Ärmel
geschüttelt, weil ihm das Gefühl, erpreßt worden zu
sein, erspart geblieben wäre, angenommen, Höchstleistungen wären weitere und immer noch mehr Höchstleistungen gefolgt, unter all diesen Annahmen blieb die
Frage, wie man in die Situation gelangte, mit demjeni-
gen bekannt gemacht zu werden, in dessen alleiniger
Macht das eigene Gedeihen lag. Grünwald wußte auf
diese Frage eine Antwort. Er ließ, wenn auch bloß in
Gedanken, eine Zeitungsannonce erscheinen, deren

Wortlaut sein Anliegen kurz und bündig vortrug:
Jungtalent sucht Förderer. Talentnachweis vorhanden.
Bitte melden Sie sich bei Josef Grünwald, Schloßgasse
17. Wenige Tage darauf erhielt er ein Schreiben folgen-
den Inhalts: Sehr geehrter Herr Grünwald, Ihre An-
zeige hat mein Interesse an Ihnen geweckt. Da ich mich
gegenwärtig auf der Suche nach vielversprechenden
Nachwuchsbegabungen befinde, wäre es mir ein Vergnügen, Sie zu einem unverbindlichen Gespräch bei
mir zu empfangen. Gezeichnet war das Ganze mit Lo-
thar Drechsler, Generaldirektor. Grünwalds Verblüf-
fung kannte keine Grenzen. Seine Erwartungen, be-
züglich derer nicht anzugeben ist, ob er sie überhaupt
hatte, waren nicht enttäuscht worden. Ein Generaldirektor, eine Führungskapazität, ein Inhaber millionen-
schwerer Machtbefugnis, war bereit, mit ihm in Ver-
handlung zu treten. Grünwalds Selbstbewußtsein, das
sich dem Verzicht auf sämtliche zu seiner Herstellung
notwendigen Ingredienzen zu verdanken wußte, erhielt neuen Schwung durch die Aussicht, im Inter-
essenkreis eines Zentralvorstandsvorsitzenden eine
Funktion zugewiesen zu erhalten. Keine Sekunde zögerte er, die Nummer einzustellen, die in dem Schreiben erwähnt wurde, und mit der, wie anzunehmen war,
einer Sekretärin angehörenden Stimme, die sich am anderen Ende meldete, einen Termin zu einem Tête-à-
tête mit dem erwartungsgemäß vielbeschäftigten, besser
gesagt hoffnungslos überlasteten Entscheidungsmäch-
tigen zu vereinbaren. Ach, Herr Grünwald, sprach die
mit den Angelegenheiten ihres Vorgesetzten anscheinend weitgehend Vertraute, wir haben Ihren Anruf

bereits erwartet. Der Herr Generaldirektor ist momentan leider nicht zu sprechen, ich bin jedoch beauftragt, Ihnen einen Terminvorschlag zu unterbreiten. Bleiben Sie bitte einen Augenblick am Apparat. Grünwald hatte keineswegs die Absicht gehabt, den Hörer voreilig aufzulegen oder gar voller Ungeduld hinzudonnern, ganz im Gegenteil, er empfand deutlich, wie das freundliche Entgegenkommen, das bisher an keine nennenswerte Grenze gestoßen war, ihn weich und nachgiebig stimmte, als wäre ihm allein durch die Tatsache, daß in einem mit lauter entscheidenden Terminen ausgefüllten Zeitplan nach einer für ihn vorzubehaltenden Lücke geforscht wurde, die Gewißheit zuteil geworden, daß er dem Schicksal eines Hölderlin oder Walser oder wie sie alle geheißen haben mochten nicht in die Fänge laufen würde. Da der Vergleich mit erstrangigen Entdeckungen der postmortalen Gattung nicht nur weithergeholt, sondern eine Vermessenheit seitens eines Grünwald darstellte, empfand dieser es als Erleichterung, durch die Stimme, die sich erneut meldete, in die platte Gegenwart zurückgeholt zu werden. Wären Sie Freitag vormittag elf Uhr dreißig eventuell disponiert, Herr Grünwald? Da er an diesem Tag nicht nur tatsächlich nichts vorhatte, was bei einem Terminkalender, der aus stündlich vorherzusehendem Nichtstun bestand, nicht zu verwundern braucht, sondern alle möglichen Vorhaben im Hinblick auf die Bedeutsamkeit eines Zusammentreffens mit seinem zukünftigen Gönner verschoben hätte, bejahte er die Frage. Nun ist alles in die Wege geleitet, sagte er sich, nachdem die Stimme sich von ihm verabschiedet hatte, die irgendwo

im Vorzimmer einer Kapitalmacht eine nicht mehr aus
der Welt zu schaffende Verbindung zu dieser herge-
stellt hatte. Unschlüssig, ob er sich an der richtigen
Adresse befand, sah er sich vor dem gigantischen Ein-
gangsportal eines ebenso gigantischen Industriekom-
plexes stehen, eingeschüchtert durch die verwirrende
Größe eines Gebäudes, in dem seiner Vermutung nach
Tausende von Angestellten eine Beschäftigung fanden.
Nachdem er bereits, wie ihm vorkam, viel zu lange da-
gestanden hatte, so daß die Wahrscheinlichkeit sich
ihm unerträglich deutlich ins Bewußtsein schrieb, daß
ihn durch die unzähligen Fenster ebenso unzählige Augen beobachteten, wurde er plötzlich auf die Person eines Pförtners aufmerksam, der ihn, hinter der Glas-
scheibe seines Überwachungspostens verschanzt, zu
sich heran winkte. Verblüffenderweise schien er über
Grünwald und sein Ansinnen in Kenntnis gesetzt zu
sein. Ohne daß dieser sich ihm vorgestellt hätte, wurde
ihm unter schwer zu deutendem Augenzwinkern, welches möglicherweise von einem Nervenleiden des dick-
lichen, glatzköpfigen Mannes herrührte, die Mitteilung
gemacht, daß der Aufzug infolge eines Defekts leider
nicht in Betrieb sei, Grünwald möge bitte die Feuerleiter benützen, wobei eine Hand, die ein angebissenes
Käsebrot hielt, in die Richtung wies, wo jene zu finden
war. Grünwald kam all dies äußerst rätselhaft vor. Er
sah jedoch keinen anderen Ausweg, als die Anweisungen eines offenbar über die im Haus vorzufindenden
Verhältnisse Insbildgesetzten zu befolgen. In die ange-
gebene Richtung gehend kam er zu einem Gang, der
sich gleich einem Tunnel von unabsehbarer Länge vor

ihm erstreckte. Nachdem er diesen, wie er dachte, un-
endlich entlang gegangen war, gelangte er an einen
Kreuzungspunkt mit einem zweiten, eine Querverbin-
dung darstellenden Gang, den zu überschreiten durch
den Umstand verunmöglicht wurde, daß dort ein unab-
lässiger Verkehr von mit Kisten befrachteten Hubstap-
lern herrschte. Hubstapler hinter Hubstapler strömte
in beide Richtungen ein unvorstellbarer Transportver-
kehr. Ein plötzliches Abbremsen eines der Vehikel
hätte eine Auffahrtskollision chaotischen Ausmaßes
verursacht. Grünwald wäre es unangenehm gewesen,
als Urheber einer solchen Kisten und Gefährte ins Ver-
derben stürzenden Karambolage zur Rechenschaft gezogen zu werden. Er wagte es nicht, dem in seinen
Augen sinnlosen Hin und Her Einhalt zu gebieten.
Nach einiger Zeit wurde der ratlos Dastehende der Ge-
gebenheit gewahr, daß unmittelbar neben ihm sich eine
Tür befand, die er in der vagen Hoffnung, daß die ge-
suchte Feuerleiter sich dahinter verbergen könnte,
spaltweit öffnete, um augenblicklich der Gewißheit teil-
haftig zu werden, daß er sich nicht geirrt hatte. Ohne
zu zögern trat er in den hinter der Tür liegenden senk-
recht in die Höhe führenden Schacht, der so eng war,
daß für eine zweite Person nicht genügend Raum gewesen wäre, und begann die in Form von Metallbügeln ein-
zeln in die Mauer eingelassenen Tritte hochzuklettern.
Ein Ende der Leiter war von ihrem Anfang aus nicht
abzusehen, Grünwald stieg und stieg, hoffend, daß seine
Kräfte ihn nicht vorzeitig verließen und daß niemand
auf den Einfall käme, die Leiter in der entgegengesetz-
ten Richtung zu benützen, wodurch es zu einer Situa-

tion gekommen wäre, die den einen oder den andern
gezwungen hätte, den von ihm bereits zurückgelegten
Weg zurückzugehen. Er versuchte sich, des Steigens
allmählich müde werdend, eine Vorstellung von dem
Tumult zu machen, der im Fall, daß tatsächlich eine
Feuersbrunst ausbräche, in dem Schacht entstehen
müßte. Stufe um Stufe arbeitete er sich empor. Mit jedem Blick, den er hinaufwarf, wurde seine Aussicht ge-
ringer, nicht nur, was die Befindlichkeit in seinem
Inneren betraf, sondern auch in Anbetracht des Sach-
verhalts, daß über ihm vollständige Finsternis
herrschte. Sogar das Licht, das anfangs noch durch die
offengelassene Tür hereingedrungen war, wurde immer spärlicher, immer dünner, bis es ihm nicht mehr
möglich war, die Tritte in der Dunkelheit auszumachen
und er blind nach ihnen tastete, mit einer Hand nach
oben greifend, während er gleichzeitig mit einem Bein
auf eine höher gelegene Stufe trat, um anschließend mit
der andern Hand die Wiederholung des Vorgangs ein-
zuleiten, bis er irgendwann, an irgendeiner Stelle ste-
henblieb. Er konnte nicht mehr weiter, Angst blok-
kierte ihn. Wohin wollte er denn eigentlich? Welches
Ziel verfolgte er? War er nicht zum Absturz verdammt,
zum jähen Fall in die Tiefe, der genauso endlos war wie
der vergebliche, ins lichtlose Nirgendwo führende
Aufstieg? Nahe daran, sich eigenhändig fallen zu lassen,
kam es ihm plötzlich vor, als riefe ihn jemand, als hätte
ihn aus der Höhe, die zu erklimmen er vor Erschöp-
fung keinen Anlaß mehr sah, ein Zuruf erreicht, der ihn
unwillkürlich den Blick emporrichten ließ, worauf er
mit wiedererwachendem Vertrauen auf die Dinge, die

seine Sinne ihm wahrzunehmen befahlen, eines
menschlichen Kopfes ansichtig wurde, der einem aus
einer lukenartigen Öffnung sich herausbeugenden
Mann angehörte. Dieser, weit über ihm, so daß er win-
zig klein erschien, machte ihm mit der Hand ein Zeichen, winkte ihn zu sich heran und wiederholte den
zuvor nur halbwegs vernommenen Ruf: Herr Grünwald, beeilen Sie sich, so beeilen Sie sich doch. Und
Grünwald, ohne zu überlegen, begann von neuem auf-
zusteigen, wie von einem Magneten emporgezogen
durch die erregte Stimme des anderen, der ihm zu bedeuten schien, daß er sich bereits verspätet habe, daß
der Herr Generaldirektor, der vollständig aus seinen
Gedanken verschwunden gewesen war, ungeduldig auf
ihn warte, mit den Fingern auf die blankpolierte Fläche
seines aktenbeladenen Pultes trommelnd, wo bleibt
denn dieser Grünwald zeternd, worauf ganze Heer-
schaften von Untergebenen, Direktionsassistenten,
Dienstboten, Hilfsangestellte in alle Richtungen aus-
schwärmten, um sämtliche Gänge und Winkel des
mehrere Komplexe umfassenden Gebäudes nach ihm
abzusuchen. Endlich war einer von ihnen auf ihn gestoßen, ausgerechnet in dem Moment ihn ertappend, da er
in seiner Bemühung erlahmt war, da er bereits aufgege-
ben hatte, so daß es aussehen mußte, als hätte er es sich
aus einer Laune heraus anders überlegt, als hätte er die
Unverschämtheit besessen, den auf ihn Wartenden, für
dessen Zeitknappheit kein Ausdruck genügend war, zu
enttäuschen. In schuldbewußter Hast die letzten Stufen
nehmend erreichte er den Schachtausgang, der sich als
Einstiegstüre in einen grell erleuchteten Flur heraus-

stellte, auf dem beidseitig Türen zu, wie er vermutete, einzelnen Abteilungen oder Büros führten. Der Mann, der vor ihm stand, erschien ihm beinah noch kleiner als er ihm zuvor, aus der Entfernung gesehen, erschienen war. Er hatte kaum Zeit, sich den in einen grauen Anzug, weißes Hemd und unauffällig gemusterte Krawatte gekleideten, etwas eingefallen wirkenden Brillenträger anzusehen, da dieser ihm die Hand entgegenstreckte, was Grünwald bewog, das ihm zur Begrüßung dargereichte Greiforgan in automatischer Erwiderung einer zum Ritual erstarrten Freundlichkeit zu erfassen, worauf sich der Mund seines Gegenübers öffnete und mittels Lippenbewegungen und in die Außenwelt hinausgestoßener Luft wortbildende Laute hören ließ, die den Satz formten, wir haben keine Zeit zu verlieren, dem der Satz folgte, bitte folgen Sie mir, worauf sich der Körper des Mannes in Bewegung setzte, was Grünwald als eine der höflichen Bitte nachgeschickte Aufforderung auffaßte, der er ein Bein vor das andere setzend auf der Stelle nachkam. Während sie nebeneinander her gehend den Gang durchquerten, wobei Grünwald Mühe hatte, mit dem Mann, der ihn anscheinend zum Büro des Generaldirektors geleitete, Schritt zu halten, sprach jener weiter, sagte: Mein Name ist übrigens Drechsler, Ihre Verwunderung ist begreiflich, ich bin heute früh abgelöst worden, der neue Generaldirektor, sein Name ist Bobby Filter, hat sich bereit erklärt, Sie zu empfangen, allerdings nur kurz, sehr kurz, die Zeit drängt, die Dinge entwickeln sich mit unglaublicher Geschwindigkeit, Sie werden noch Gelegenheit haben, sich selber ein Bild davon zu machen, immer unter der Voraussetzung, daß die Verhandlungen positiv verlaufen, noch ist nicht gewiß, ob Ihrem Gesuch entsprochen werden kann, die Vorschläge, die bisher von Ihnen unterbreitet wurden, stellen eine ziemlich schmale Basis dar, ich spreche aus Erfahrung, in der Tat habe nicht mehr ich zu entscheiden, doch ich weiß, wie Entscheidungen gefällt werden, ich kenne die Maßstäbe, mit denen gerechnet wird. Grünwalds Verständnis blieb auf der Strecke, die sie mit hastigen Schritten zurücklegten. Während der andere redete und redete, drängte sich ihm immer mehr das Gefühl auf, das Opfer einer Verwechslung geworden zu sein. Es schien ihm nicht möglich, daß er gemeint sein konnte, wo von nichts als Profilierungsbestrebungen, marktmäßigen Fehlbeurteilungen, Verdrängungswettbewerb und ähnlichen Dingen die Rede war. Was war die Sachlage? Worauf wollten die Wortkombinationen hinaus? Welche Relationen wurden durch die Verknüpfung von Begriffen, die Gegenstände mit Argumenten zu versehen schienen, zur Darstellung gebracht? Die Sätze, die Beschreibungen von Sachverhalten zu sein vorgaben, ergaben seinem Urteil nach ein einziges kontradiktorisches Debakel, welchem eine Wahrscheinlichkeitsmöglichkeit gemäß logischem Schema unter allen Bedingungen und Voraussetzungen und in unendlicher Fortführung sich versagte. Die Sekretärin, in deren Büro er darauf wartete, in die Direktionsräumlichkeiten vorgelassen zu werden, war eine attraktive Dame, auf deren Gesicht Produkte von Parfümerien und Kosmetikabteilungen verteilt worden waren. Sie schien sehr beschäftigt zu sein, nahm Aufträge über Telefon

und Gegensprechanlage entgegen, klaubte Aktenordner um Aktenordner aus Fächern und Schubladen, um
sie nach kurzem Durchblättern wieder zurückzustel-
len. Während Grünwald ihr dabei zuschaute, strichen
seine Blicke, ohne daß er es zu vermeiden wußte, immer wieder die feingeschwungenen Linien ihrer langen,
schlanken Beine entlang. Plötzlich machte ihm eine zu
dem Beinpaar gehörende Stimme die Mitteilung, daß
der Herr Generaldirektor bitten lasse. In einem Zustand leichter Verstörung fand er sich in einem Raum
wieder, von dem aus Tag für Tag die Führung eines
weltmarktbeherrschenden Konzerns geleistet wurde.
Der Generaldirektor, dessen Familienname nicht ins
Gewicht fiel, weil man ihn stets mit dem seiner Funktion Würde verleihenden Titel ansprach, saß in die Betrachtung eines seine Aufmerksamkeit absorbierenden
Papieres vertieft, hinter einem Pult, das seiner enormen
Größe wegen, selbst wenn man nicht die geringste Ahnung gehabt hätte, wo man sich aufhielt, als das
Schreibmöbel einer führenden Unternehmerpersön-
lichkeit erkennbar gewesen wäre. Ohne eine Sekunde
aufzublicken, sprach, während Grünwald sich behut-
sam näherte, der brillentragende Glatzkopf, der einem
zur Fettleibigkeit neigenden Mann angehörte, die
Worte: Herr Grünwald, bitte nehmen Sie Platz, ich bin
gleich soweit. Grünwald machte Gebrauch von einem
zu komfortablem Sitzen einladenden Ledersessel, in
welchem er sich der durch Formvollendung und Mate-
rial gebotenen Behaglichkeit zum Trotz nichts weniger
als behaglich fühlte. Das Büro des Konzernleiters war
erwartungsgemäß großzügig ausgestattet, geräumig

und hell. Eine Fensterfront gab den Blick über weite Teile der Stadt frei. An den Wänden hing eine Reihe von Gemälden, unter welchen ihm zwei, die beide dasselbe Motiv wiedergaben, sich jedoch durch die Art der Darstellung unterschieden, besonders auffielen. Es handelte sich um Porträts eines gewissen Toni Rillfett, der, wie aus einer Inschrift hervorging, von 1812-1878 gelebt hatte. Er war der Gründer der Firma Rillfett gewesen, die nach 1947 erfolgter Fusion in Rillfett & Westcott GmbH umbenannt worden war. Das erste der Bilder war in der naturalistischen Manier der zweiten Hälfte des neunzehnten Jahrhunderts gemalt: der Industrielle trug Bart und Monokel, saß aufrecht, mit direkt auf den Betrachter gerichtetem Blick, in einem Stilmöbel und stützte die Hände auf einen elfenbeinernen Stock. Das zweite Bild, das Acrylprodukt eines amerikanischen Zeitgenossen, gab auf acht Teilbildern in jeweils wechselnder grell leuchtender Grundfarbe, dieselbe indes unverhohlen kopierte Ansicht wieder. Grünwalds Beobachtungen wurden durch die Stimme der Sekretärin unterbrochen, die aus der Gegensprechanlage plärrend die Mitteilung hören ließ, daß ein Herr Brown aus Washington den Herrn Generaldirektor am Telefon zu sprechen begehre. Dieser hob den Hörer ab und rief: Hallo Jack... lange nichts gehört... was machen die Geschäfte... hört man gern... fünfzig Milliarden Dollar... in dieser Größenordnung... hat katastrophale Auswirkungen auf den Index... wie geht's im Club... was macht Charles... wir versuchen alles... in Panama garantiert keine Wachstumschancen... entweder die Banken werden

gestützt oder... wie geht's deiner Frau... und die Kleinen sind wohlauf... vierprozentige Steigerung... mor-
gen Hongkong, übermorgen Tokyo... Gewerkschafts-
proteste... okay, Jack... danke, Jack. Indem er den
Hörer auflegte, beugte sich der Generaldirektor, der
Grünwalds Anwesenheit vergessen zu haben schien,
von neuem über die Papiere, die ihn beschäftigten und
begann schriftliche Aufzeichnungen darin zu machen.
Nach einer Weile, Grünwald hatte erfolglos nach einer
Möglichkeit gesucht, wie er sich dem Vielbeschäftigten
in Erinnerung rufen könnte, tönte erneut die Stimme
der Sekretärin aus der Anlage, diesmal mit der Ankün-
digung, daß die Frau Gemahlin den Herrn Generaldirektor zu sehen wünsche, worauf dieser in das Gerät
brummend entgegnete: Sagen Sie ihr, daß ich keine Zeit
habe. Beinah im gleichen Augenblick stürzte die Ange-
meldete verblüht und mit künstlich blondierten Haaren zur Tür herein und rief, ohne ihren hastigen, durch
Stöckelschuhe erschwerten Lauf zu verlangsamen: Es
ist etwas Schreckliches passiert. Der Generaldirektor
schien nichts gehört zu haben, so daß die inzwischen
zum Schreibaltar Vorgedrungene fortfuhr: Hörst du
nicht, Bobby, du mußt etwas unternehmen. Der Generaldirektor, ohne den Schreibstift, eine über und über
vergoldete Füllfeder abzusetzen, gab sich gelassen und
antwortete nach einer längeren Denkpause: Liebling,
du siehst doch, daß ich zu tun habe. Wir sprechen später darüber, nicht jetzt, nicht jetzt. Die keines Blickes
Gewürdigte rang nach Atem und japste: Für alles und
jedermann – Grünwald zuckte zusammen – findest du
Zeit, allein das Wohl deiner Familie kümmert dich

nicht. Ich spreche nicht von mir, ich spreche von deinen
Söhnen, Bobby. Bist du dir der Tatsache bewußt, daß
sie rauschgiftsüchtig sind? Das Wort, das die Schrek-
kensbotschaft übermittelte, erfuhr eine Betonung, die
ein Familienoberhaupt nicht bloß alarmieren, sondern
auf der Stelle zur Tat hätte schreiten lassen müssen.
Bobby Filter jedoch, der es in der Hand gehabt hätte,
sämtliche Wiedereingliederungsinstitutionen des hal-
ben Erdkreises zur Resozialisierung seiner künftigen
Teilhaber zu mobilisieren, ließ die entsprechende,
durch Vormundschaftsbefugnisse gesetzlich abge-
stützte Reaktion vermissen und gab statt dessen seiner
Sekretärin über das Sprechgerät die Anweisung, ein
Taxi für Frau Filter zu bestellen. Diese wandte sich,
nachdem sie den unbeirrbar Aktenstudierenden einen
Augenblick lang fassungslos angestarrt hatte, mit der
im Ton eines bereits rechtskräftigen Urteils gesprochenen Feststellung, sie werde ihren Anwalt mit der Schei-
dung beauftragen, zum Gehen. Längere Zeit saß Grünwald dem über die wiederhergestellte Arbeitsruhe
sichtlich erleichterten Konzernführer reglos gegenüber. Als er sich nach langem Hin und Her endgültig
zu dem Entschluß durchgerungen hatte, sich durch ein
Räuspern unmißverständlich bemerkbar zu machen,
ließ sein Gegenüber, dessen unbeschäftigte linke Hand
zum Telefonhörer griff, diesen auf die Tischfläche legte
und blind eine Nummer wählte, die Äußerung hören:
Ich bin sehr erfreut, Herr Grünwald, Ihre Bekannt-
schaft gemacht zu haben. Alles weitere wird der Herr
Prokurist mit Ihnen besprechen. Bevor Grünwald zu
einer Entgegnung anzusetzen vermochte, ergriff der

andere den Hörer, eine Stimme hatte sich soeben ge-
meldet, und sprach: Herr Winter, ich habe hier einen
möglichen Nachfolger für Sandmeier. Wären Sie so
freundlich, den Fall zu übernehmen. Grünwald wollte
vom Stuhl aufspringen, war jedoch nicht fähig dazu.
Die zum Talentiertsein notwendige Begabung war ihm
nicht zu eigen. Er wurde behandelt wie ein Stück Holz,
ließ sich abholen und fortschaffen, irgendwohin, wo
die endgültige Verarbeitung seiner harrte, nach deren
Beendigung wahrscheinlich nur noch Späne und Staub
von ihm übrigblieben.

Weigerung

Wo bist du, Gehirn, rief Wilke, als könnte das Organ, das jeden seiner Sätze und Sprünge ausbrütete, ihn hören. Etwa nicht in mir drin? War das Unmögliche die beispielhafte Konstellation, während in Wirklichkeit das Unmögliche durch das Vorhandensein von etwas Möglichem immer schon verunmöglicht worden war? Wilke verlor die Balance zwischen über seinem Kopf einstürzenden Fassaden. Wer ist hier für die Auswahl des Personals zuständig? Welches sind Ihre Gesichtspunkte, Herr? Warum weigert sich die Person, sich mir hinzugeben?

Razzia

Und wenn es nur Fetzen eines unenträtselbaren Mono-
loges waren, Hülse hatte sich entschlossen, alles zu no-
tieren, was ihm durch den Kopf ging. Was den andern
in ihm betraf, der zu allem eine Meinung beisteuern
wollte, so war es an ihm, Hülse, zu bekennen, daß er
diesen Herrn nie zu Gesicht bekommen hatte. Er no-
tierte: Man sollte junge Mädchen dazu zwingen dürfen,
Beethoven zu spielen. Warum leuchtet niemandem ein,
daß ich es mir in den Kopf gesetzt habe, krankhaft blöd
aus der Wäsche zu schauen? Karfreitag war der einzige
Tag im Jahr, der eine Fischmahlzeit unumgänglich erscheinen ließ. Hülse aß Thunfisch aus der Dose und
legte sich anschließend eine Weile hin. Als er erwachte,
fiel sein Blick einer mechanischen Bewegung gehor-
chend auf die Stelle, wo eben noch sein Arbeitstisch gestanden hatte. Die höchst sonderbare Tatsache, daß der
Tisch vollständig von der Bildfläche verschwunden
war, mit der resigniert anmutenden Bemerkung quit-
tierend, das Möbel habe immerhin einige Manuskript-
seiten mit vielversprechenden Gedichtanfängen beher-
bergt, wollte er sich zur Seite drehen, als an seine Tür
geklopft wurde. Draußen stand ein mit Regenmantel
und Hut bekleideter Mann, der wissen wollte, ob er die
Person des Schriftstellers Hülse vor sich habe. Dieser
fragte ihn nach seinem Begehren. Literaturpolizei,
sprach der Unbekannte in amtsmäßig forderndem Ton

und streckte Hülse ein Ausweispapier unter die Nase. Hülse, dem von einer ähnlichen Situation einmal geträumt hatte, verlangte den zu Kontrollzwecken erforderlichen Schubladendurchsuchungsbefehl zu sehen. Nachdem ihm dieser ordnungsgemäß zur Kenntnis gebracht worden war, blieb ihm nichts anderes übrig, als dem Schnüffler Einlaß zu gewähren. Abgesehen von seinem Arbeitstisch war sein Zuhause in Ordnung. Abgesehen von der Tatsache, daß er der Welt, in der man sein Leben einrichtete, nichts mitzuteilen hatte, war er selber in Ordnung. Er hatte es verlernt, aufrecht zu gehen. Er schleifte etwas, was einmal eine Wirbelsäule gewesen war, hinter sich her. Sein Kopf war leer. Von jeder Bemühung befreit, etwas darzustellen, was nicht er selber war, gab er sich Betrachtungen hin, die ihn auf widernatürliche Weise befriedigten. Dieses Widernatürliche an ihm war ihm am wenigsten fremd. Der Ansicht, daß er sich einbilde, andere ließen ihn für ihre Zwecke im Dunkeln tappen, schloß er sich widerspruchslos an. Die andern kannten keine derartigen Zwecke, und hätten sie sie gekannt, hätte es Begabtere gegeben als er. Man hätte Spezialisten herangebildet. Um einen, der nicht wußte, wie er an sein Irgendetwaswissen geraten war, scherte sich niemand. Hülse wußte nicht einmal soviel, daß es etwas ausgemacht hätte, hätte er irgendeine Kleinigkeit davon irgendwann nicht mehr gewußt.

Vor dem Spiegel

Ein Mann stand vor dem Spiegel und betrachtete sich.
Aus einem Glas, das er in der Hand hielt, nahm er einen
Schluck Wasser, spie es gegen den Spiegel und das Spie-
gelbild zerfloß. Der Mann hieß Albert Talberg und war
dreiunddreißig Jahre alt.

Musterknabe

Hell, ein außergewöhnlich gläsern daherkommender Komparse, dem ein Blutandrang geheißener Bursche zu Diensten stand, stammte aus einer Garnison von gelähmten Lakaien, die in einer Schmelzhütte für steinleidende Kettenhunde untergebracht war. Er trug einen Anzug aus Sacktuch, was ihm bei einigen seiner ärgsten Widersacher den Spitznamen Verbandkasten eingetragen hatte. Der Einträglichkeit seiner äußeren Erscheinung verdankte er eine Reihe weiterer in die Buchhaltung des Unternehmens Niedertracht einzutragender Wertverschiebungen, die aufs Konto loser Zungen gingen. Entgegen der Gesamtheit der über ihn verbreiteten Gerüchte war Hell ein Meister in Sachen Ventilatorgalanterie. Ein einziges Beispiel genügt, in sein absichtsvoll der Pflege des Primitiven verschriebenes Wirken Einsicht zu gewähren. Eine vierzehnjährige Revolverheldin aus einer Wanderrevue hielt es für ihre Aufgabe, ein Müsterchen mystischen Erbebens an den Mann zu bringen. Silberkeulenschwingender Ketschua des Polterabends war Hell höchstpersönlich, der sich zum Zweck vorbereitender Askese von einer Horde Thermosaffen niedertrampeln ließ. Wie ein buntgescheckter Bunsenbrenner, dessen Netzhaut symbolischerweise um Gnade flehte, schnappte er nach den limonadefrischen Salatblättern der Schmeichlerin, deren bürgerlicher Name Anna Hornberger war und blieb.

Mundpest

Narbe erwachte mit einem schlechten Geschmack im Mund. Der Geschmack ließ sich nicht beseitigen, Zähneputzen half nicht. Nach Stunden noch hielt der Geschmack an. Der Ekel davor wurde so groß, daß Narbe sich wieder ins Bett legte. Später stand er wieder auf, kleidete sich ein zweites Mal an und verließ das Haus. Während er ging und ging, vermehrte sich nur immerzu das Gefühl seines Abscheus. Und wenn er einen Vorübergehenden gebeten hätte, ihm den Kopf abzuschlagen, es hätte ihm nicht geholfen, das Übel loszuwerden. Der erste beste von ihm Angesprochene hätte, sobald er, Narbe, nur den Mund öffnete, das Weite gesucht.

Die Nelke

Und was ist von Eckert zu erzählen? Eckert verreckte in einer Ecke. Jemand legte ihn unter eine verdreckte Pferdedecke. Und wer brachte Eckert um die Ecke? Trecker war's, ich kann es beschwören. Und wie hat dieser Trecker Eckert zur Strecke gebracht? Er hat ihm mit einer Heckenschere den Kopf abgezwackt. Ist Eckert Trecker auf die Nerven gegangen? Eckert eckte bei allen Leuten an. Bei Trecker weckte er mit seinem bloßen Erscheinen Mißtrauen. Ging es am Ende um eine Geschichte mit Frauen? Eckert neckte Treckers Elke mit einer weißen Nelke. Er bat Elke, daran zu lecken. Elke leckte an der Nelke, bis diese röter als die röteste Gartenschnecke war. Trecker versteckte sich hinter einer Gartenhecke, bemerkte die kecke Nelkenleckerin und rief: Was wird hier ausgeheckt? Über Eckerts Gesicht bleckte ein Lächeln: Wir verfolgen hier keine besonderen Zwecke. Elke aber reichte Trecker die Gartenhacke. Nicht die Hacke, brüllte Trecker, das Ding für die Hecke. Elke tauschte Hacke gegen Schere, und Trecker mißbrauchte diese zu dem bereits erwähnten Zwecke.

Fata Morgana

Ludig nahm das Fatum in die Hände, die seine eigenen
waren. Wo hatte er es gefunden? In einer umrißlosen
Schwebe, die sein eigener Körper war? Von Kopf bis
Fuß aus weißen Blitzlichtern bestehend, schritt Ludig
zur Mystifikation, Kriegsverbrecher und Chorherren
aussortierend. Von der Sichtbarkeit des hinter dem
Vorhang Befindlichen war einiges in den Spiegel seiner
Zensurbegierde eingeschrieben. Die unheilbare Rauch-
wolke, die er immer gewesen war: in dieser Hinsicht
war ihm vorzuwerfen, was stets und überall zum Vorwurf werden will. Ein Nichts an Beweisgültigkeit unter Berücksichtigung seines kolossalen Verlangens,
sich in Gestalt des grünlich schimmernden Farnschat-
tens fortzupflanzen. Hatte er den Gesetzen der Gast-
freundschaft Genüge getan? Ludig formte sich die
Hausherrin zum Geisteszustand. War er nicht imstande, Handlungen auszuführen, die ein gewisses Maß
an Bewegungsunfreiheit überschritten? Die Hausherrin
glitt schuldhafte Worte summend über Ludigs Gesicht.
Ludig versetzte ihr Stöße aus einer ins Ungewisse ver-
sunkenen Welt.

Fleisch

Rohr aß ein Beefsteak. Anschließend beschlief er die Köchin, die ihm das Fleischstück zubereitet hatte. Mit wiedererwachtem Hunger setzte er sich zu Tisch, wo eine weitere saftig gebratene Lendenscheibe vor ihm auf dem Teller dampfte. Mit gestärkten Gliedern machte er sich abermals über die Speisenzubereiterin her, die es ihm mit dem Schmoren einer dritten Ration vergalt. Rohr nahm die Labung dankbar zu sich. Um sich dafür zu revanchieren, stürzte er sich neuerdings auf die Person, die ihm das Fleisch gereicht hatte, sie mit der prallen Zuwendung seines Gliedes zu beglücken. Auf dem Höhepunkt lustvoller Erregung machte sie sich von ihm los, rannte in die Küche und warf einen blutigen Fleischfetzen in die Pfanne. Rohr, der es kaum erwarten konnte, seine Gastgeberin ein weiteres Mal zu besitzen, schlang das Gebratene gierig in sich hinein. Mit dem letzten Bissen zwischen den kauenden Kiefern fiel er über das gierig nach seinen Rutenstößen verlangende Weibsstück her. Ein weiterer Happen Rindfleisch landete in Rohrs vor Heißhunger röhrendem Magen. Mit ungebrochener Leidenschaft verging er sich an seiner Gönnerin. Sie belohnte ihn mit einem besonders zart zubereiteten Bissen. Sich vergessend vor Genuß ritt Rohr die Fleischzubereiterin zuschanden. Das letzte Beefsteak wurde roh verzehrt.

Der Reorganisator

X fischte im Trüben, und dabei half ihm sein Frosch.
Die Hilfe des Froschs bestand darin, das von Frosch-
haut umspannte Froschgewicht, aus dem Froschaugen
aus der sogenannten Froschperspektive heraus in die
Welt hineinglotzten, an die Leine des im Trüben Fi-
schenden zu hängen, was einzig durch den Umstand zu
einer in die Tat umsetzbaren Absicht werden konnte,
daß an der Leine vorderem Ende ein Metallgegenstand
von der Form und der stechenden Schärfe eines Angel-
hakens befestigt war. Seines Frosches habhaft geworden, machte X seinem Entzücken über die Habhaft-
werdung, an die sich der Besitz eines glatthäutigen
Vertreters der Familie der sogenannten Lurche vollkommen folgerichtig anschloß, in einem Luftsprung
Luft, wobei er sich bei soviel Luft, die da auf einmal erwähnt sein wollte, selber in das lebenswichtige Ele-
ment, an dem er sich seit seiner Geburt gelabt hatte,
auflöste. Vergeblich wartete der herrenlos Festgehakte
auf das Wiedererscheinen seines Gebieters. X ließ seine
Habe, die an ihm gehaftet hatte, solange er dagewesen
war, im Stich, der sich quer durch Zunge und Gaumen
eines weit aufgerissenen Froschmauls pflanzte. An der
Stelle, wo die Luft, die X zu seiner Auflösung verholfen
hatte, dessen Umrisse nicht erkennen ließ, stand auf
einmal ein Kerl namens Mordskauz, der nach einem
Blick auf die von seiner Hand gehaltene Leine, an der

ein ausgewachsenes grünes Vieh angebunden war, sich
fragte, was mache ich mit einem Frosch, wenn ich weder Lust verspüre, ihn heißhungrig zu entschenkeln,
noch mir das Quaken beibringen zu lassen. Da traf es
sich, daß in diesem Augenblick der so geheißene
Hundsfott, sein Gewicht von einem Bein aufs andere
verlagernd, des Wegs kam, um unaufgefordert mit der
Erzählung eines Traums aufzuwarten, indem er auf
eine jüngstvergangene Schlafperiode verweisend von
sich behauptete, eine endlose, im neobarocken Stil er-
baute Häuserfassade emporgeklettert zu sein. Mordskauz jedoch schwang sich, einem unverhofften Einfall
folgend, auf den Frosch und gab ihm, während er an
den Hundsfott die Aufforderung richtete, ihm auf dem
Fuß, dem ein zweiter Fuß hinterherhinkte, zu folgen,
die Sporen. Solcherart zu einem Reittier wie zu einem
Adjutanten gekommen, gab Mordskauz seiner Entschlossenheit Ausdruck, er wolle die Welt erobern, um
Gerechtigkeit in ihr zu verbreiten, wozu es unerläßlich
schien, daß auch der in seinen Diensten stehende
Knapp sich beritten zeige. Der Zufall hatte die Anord-
nung getroffen, daß am Wegrand eine Hand lag, die einem Dieb namens D'Annunzio abgehackt worden war
und an deren Innenfläche ein Schwarm Ameisen fraß.
Hundsfott setzte sich auf den Handrücken und trieb
die Ameisen mittels elektrischer Stöße an, die Diebes-
hand, die ihm als Sänfte diente, von dannen zu tragen.
Nach einem Gewaltritt, der neunundsechzig Stunden
dauerte, kamen Feldherr und Adjutant in eine Stadt,
deren Namen sie noch nie gehört hatten. Die Stadt hieß
Metropornoautoschizonekrograd und war die Haupt-

stadt eines Landes, in welchem das Einsammeln von auf
der Straße verstreuten Polaroidfotos der Haupterwerbszweig der Mehrheit der Bevölkerung darstellte.
Der erste Mensch, der ihnen begegnete, sah aus wie ein
Museumskonservator und sprach eine Mischung aus
Serbokroatisch und Malaysisch. Es schien ein Ding der
Unmöglichkeit zu sein, ihn in gutverständlichem
Deutsch nach der Adresse einer preiswerten Unterkunft zu fragen, wozu überdies keine Zeit blieb, weil
der Mensch ein Papier entrollte, auf dem eine Caspar-
David-Friedrich-Landschaft zu sehen war, in die sie,
den in seinem Kauderwelsch weiter und weiter dozierenden Museumsvorsteher als Geisel mitführend, hineinritten. Nachdem sie weitere sechsundneunzig Stunden unterwegs gewesen waren, erreichten sie einen
gewaltigen Gebäudekomplex, bei dem es sich, wie verschiedenen Einzelheiten zu entnehmen war, um den
Hauptsitz der Weltraumfahrtsbehörde Anabasis handelte. Als sie sich näherten, wurde ihnen unversehens
aus einem der Überwachungstürme ein Lichtstrahl
von der Heftigkeit eines Blitzes entgegengeworfen,
worauf eine Hundertschaft schwerbewaffneter Sicherheitskräfte die geblendeten Kreuzritter umstellte und
gefangennahm. Die Drohung, sie würden in den Reorganisator geschleppt, wurde unter Umgehung des
ordentlichen Gerichtswegs wirklich gemacht. Dazu folgende Anmerkung: Der Reorganisator war Aufsichtsbehörde und Exekutivkommando in einem. Menschlich
an ihm war das Einprägen der Schrift, ganz und gar
Maschine dagegen das Zerschmettern der Tonköpfe, die
in der Höhe des Urteils aufgehängt waren. Das Urteil

wurde nicht gesprochen, sondern aufgefunden, wobei unter Auffinden der Vorgang des Außerkraftsetzens aller Tonköpfe, die gegen den Grundton verstoßen hatten, zu verstehen war. Der Reorganisator wurde vom sogenannten Kommandanten in Betrieb gesetzt. Dieser beherrschte den Vollstreckungsapparat in all seinen Funktionen und Anwendungsbereichen. In der ersten Entstörungsphase begann der Strafempfänger, als stünde er unter dem Einfluß eines Halluzinogens, aus seinem Leben zu erzählen. An erster Stelle begutachtete der Kommandant den Mordskauz. In Tat und Wahrheit, begann dieser, heiße ich Halbinsel und bin in Nordapulien geboren, doch die Krokodile des britischen Geheimdienstes wollten es anders. Immer muß ich Flaschenkohle ausdehnen, damit die Fertigbienen nicht in die falsche Richtung summen. Wer hat eine Vorstellung davon, was es heißt, den pädophilen Hohlraumstrahler Richard Wagners vor den Bombenangriffen seiner klangschönen Kollegin in Schutz zu nehmen, zumal Björn Langström nicht mehr über die transsibirischen Kräfte verfügt, die ihm einst erlaubten, den Gipfel der Unkenntlichkeit zu ersteigen? Seit Monaten sage ich mir, nur nicht nachlassen in der Bemühung, einer zu sein, dem sie nicht nachsagen können, in Gelsenkirchen vor die Hunde gegangen zu sein. Doch scheint es sinnlos, sich gegen die zerquetschten Zäune von Ibn el Maltar zur Wehr zu setzen. In Helsinki bin ich schon längst tot. Noch nicht allzu lange soll es her sein, daß in Pötzleinsdorf einer nach mir gefragt hat. Es wäre eine weite Reise geworden, seinen Namen in Erfahrung zu bringen. Ist das der fünfundneunzigjährige P. Handke, der sich mit verschämtem Flüstern um eine Nuntiatur in Rosenheim bewirbt? Ich kann diese sirrenden Funktionäre allmählich nicht mehr auseinanderhalten. Schon weiß ich nicht mehr, was Sergio Leone am Brandenburger Tor gesagt hat. Die entscheidenden Wortmeldungen sehen immer wie harmlose Erkältungen aus. Sind die Schwäne nicht deprimierend? Ich muß mich in der Schlaufe einer kurzen Besinnung geirrt haben, um im Verlauf einer klaren Melodie derart außer Atem gekommen zu sein. Was mag Herta Streckeisens Meinung zu meinen gepanzerten Argumenten sein? Sind meine kriegerischen Schwimmvögel nicht zwingender als die ihren? Begreiflicherweise sehen meine Energievorräte für andere wie entstellte Schriftzüge aus. Immer schon fanden alle möglichen im Sonnenlicht pendelnden Streitfragen verständnisvolle Aufnahme bei mir. Ich kann mich nicht erinnern, Ferdinand Kuhauge einen gestelzten Affen gescholten zu haben. Bin ich winterfester als Anthony Perkins, der mir bei der Schlacht um Moneywood aus einem Paar nicht mehr gebrauchsfähiger Schlittschuhe half? Elvis Bardello, den Vorsitzenden des örtlichen Theatervereins, habe ich kürzlich beim Herbeiziehen von Haaren ertappt, wobei ich mich selbstverständlich nicht darüber auslassen werde, an welches Hilfsmittel er sich dabei hielt. Eines Abends, als ich nach Wanda Ausschau hielt, saß an ihrer Stelle Thérèse Desqueiroux in meinem Garten und zupfte sich die Augenbrauen, was mich veranlaßte, hinter ihrem Rücken eine obszöne Geste zu machen. Nichts hält mich davon ab, meine Memoiren bis zu dem Zeitpunkt fortzusetzen, da es zur

Begegnung mit Winston Churchill, dem Zigarrenhändler meines Großvaters kam, der sich soeben mit einer Urenkelin George Sands verlobt hatte, welche, unglücklich über die schwerreiche kahlköpfige Partie, die sie da gemacht hatte, mit einem Onkel von H. Achternbusch nach Korsika durchgebrannt war. Schluß, rief ich mir selber zu, mit diesen klangvollen, mich wie Lokomotiven plattwalzenden Namen, die mich mit den unverbürgten Biographien gänzlich unbeteiligter Nebenfiguren aus dem Geleise bringen. Doch kaum hatte ich es gesagt, nachgerade wutentbrannt in mich hineingebrüllt, als mich kein geringerer als Marlon Brando, der aussah wie Bambi zwei Tage vor der Erstbesteigung des heiligen Berges von Kyonatsozuko, auf die Schulter klopfte, um mich freundlich aber bestimmt aufzufordern, ihn auf die Party eines Gartenzwerges zu begleiten, der die Hauptrolle im neuen Musical von Sergei Eisbein spielte und dessen Name demzufolge in aller Munde war. Endlich kam es zu der langersehnten Begegnung mit Natascha, in die ich mich anläßlich der Zweitausstrahlung eines Interviews, das sie Wassilij Krampinsky gewährt hatte, verlieben hatte müssen, obwohl es mir lieber gewesen wäre, ich hätte mich, wenn überhaupt, in Graziella, die Gemahlin Phillips des Fünfhundertneunundsiebzigsten verliebt. Die zweite Entstörungsphase, die sogenannte Rückventilation, wurde eingeleitet. Ich bin, entfuhr es Mordskauz, nicht ich selber, ecce complicatio complicationum. Die gelähmten Gliedmaßen meines Bekenntnisdranges sind eine ungültige Ehe mit den Stimmbändern irgendeines meiner Urahnen eingegangen. Die dritte Entstörungs-

phase entzog dem Kandidaten die Atemluft, doch hatte
der Erstickende Gelegenheit, sich durch Handbewe-
gungen verständlich zu machen. Der Kommandant
wandte sich dem Hundsfott zu. Nachdem die Reorga-
nisationsprozedur auch diesen ins Stadium eines Sen-
ders ohne Sauerstoffzufuhr versetzt hatte, wurde den
beiden Vollzugsinsassen die Freiheit zurückerstattet.
Diese war ein Zustand zwischen Dauerlauf und Flurta-
pete. Auch Gewehrläufe und Flugraketen mischten sich
ins Rollenspiel zweckentfremdeter Nahtlosigkeit. Ein
Meer schwarzuniformierter Polizisten ergoß sich über
die triumphierenden Flüchtlinge, die sich der Bran-
dung aus schwerbewaffneten Schwarzjacken durch
kantige Tauchbewegungen in einer speichelähnlichen
Flüssigkeit entzogen. Halt, wer da, hallte, in gebieteri-
schem Tonfall gerufen, die Aufforderung, ein Freund
von Feind unterscheidendes Erkennungszeichen von
sich zu geben, aus einem Gebüsch, worauf dem Mordskauz die rettende Parole in Form einer zielsicher abge-
schossenen Pistolenkugel zwischen den Augen stek-
kenblieb. Hundsfott war imstande, vier lebende Zehen
aus dem Getümmel zu retten. Munter, als wäre die Zeit
kurz vor dem Ende dessen, was die Zeit versprochen
hatte, nicht drauf und dran, wortbrüchig zu werden,
bewegte sich das aus Endgliedern des untersten Bein-
teils bestehende Kleeblatt voran. Ist es nicht bemer-
kenswert, eröffnete die erste das Gespräch, daß wir im
Verlauf mörderischer Turbulenzen nicht bloß unsere
Zahl verdoppelt, sondern auch unser beileibe nicht ausschließlich grammatikalisch aufzufassendes Geschlecht
einer Umwandlung unterzogen haben? Ich schlage vor,

erwiderte die zweite, der drohenden Möglichkeit, daß man anfängt, uns für Übermenschen zu halten, vorzubeugen, indem wir uns eine nach der andern vorstellen. Nachdem dies geschehen war, stellte sich die Frage, ob die vier zusammenbleiben oder jede in eine andere Richtung gehen sollte, wobei die Anzahl der vorhandenen Richtungen mit der Anzahl der Teilnehmer an dem Exodus exakt übereinstimmend gewesen wäre.

Die Ampel

Es war gegen Mitternacht. Vesper überquerte die Straße bei Rotlicht. Auf der anderen Straßenseite stand ein Polizist. Sind Sie farbenblind? Nein, warum? Haben Sie die Ampel nicht gesehen? Die ist doch für die Autos da. Nein, die ist für Sie da. Für mich allein? Bedaure, ich habe keine Verwendung dafür. Wenn Sie weiterreden, zahlen Sie. Ich habe kein Geld. Ihre Ampel interessiert mich nicht. Ich habe es eilig. Halt, stehenbleiben. Ihre Papiere. Ich habe sie momentan nicht bei mir. Dann muß ich leider Maßnahmen ergreifen. Maßnahmen? Sie werden auf der Stelle erschossen. Im Nu hatte der Polizist seine Dienstwaffe bei der Hand. In diesem Augenblick ging, wahrscheinlich durch einen zentralen Stromausfall verursacht, im ganzen Stadtviertel das Licht aus. Vesper ergriff die Flucht. Halt, stehenbleiben. Das ist Sabotage. Das ist...

Im Namen deklassierter Wesen

Die Jahreszeit hatte ins Lichtlose hinübergewechselt.
Riegel hörte Geräusche, die keine waren. Sein Gehör
war der Spion eines Pflichtbewußtseins, das ihn im Namen deklassierter Wesen auf die Probe stellte.

Alles Entscheidende über Telefonapparate

Derwick war nicht wirklich in seinem Kopf vorhanden, während er durch die Stadt ging. In seinem Kopf wirklich vorhanden waren halbwahre Geschichten, die er während des Schlafs erfand. Sie fielen ihm ein, während er schlafend durch die Stadt ging. Die einzige Art des Gehens, die ihm Erholung gewährte, machte zur Bedingung, daß er dabei schlief. Er konnte nur schlafen, wenn er ging. Wurde er durch irgend etwas, was ihm begegnete, sich ihm in den Weg stellte oder auf andere Weise Aufmerksamkeit erheischte, zum Stehenbleiben gezwungen, erwachte er. Nichts stellte sich ihm in den Weg. Keine Begegnungen stellten ihn vor die Aufgabe, ihnen auszuweichen. Keine Einzelheit brüllte danach, geflissentlich übersehen zu werden. Derwick ging durch die Stadt und erholte sich dabei. Während des Schlafs fielen ihm Geschichten ein. Eine dieser Geschichten handelte davon, was Telefonapparate waren. Es wurde in dieser Geschichte alles Entscheidende über Telefonapparate zur Kenntnis gebracht. Derwick versuchte, sich während des Gehens an die Geschichte mit den Telefonapparaten zu erinnern. Es gab viele Tausende von Telefonapparaten in der Geschichte. Derwick hatte vergessen, was Telefonapparate waren.

Die Windtreppe

[für Herbert Fritsch]

Die Windtreppe war, wie der Name bereits sagte, eine Treppe, deren Stufen in Wind oder, mit anderen Worten, vorwärtsgestoßene Luft gehauen waren. Etwas hinderte Rautenstrauch daran, das Haus über die Windtreppe zu verlassen, um dem Zwang zu entrinnen, über das angefangene Gleichnis weiter nachzudenken. Wie kam er dazu, von einem Gleichnis zu sprechen, wo es sich offenbar bloß um eine dürftige Behauptung handelte? Eine Windtreppe gab es nicht, das war einleuchtend. Wenn es jedoch möglich war, über etwas Nieexistierthabendes zu sprechen, warum ergriff er dann nicht die Gelegenheit, jemanden über die Windtreppe zu sich zu bitten, um dem Wunder, das sich hier ereignete, beizuwohnen? Der Grund war: Rautenstrauch besaß keine Wohnung. Ich würde es, so rief er aus, gewiß nicht verschmähen, Besuch zu empfangen, muß jedoch gestehen, daß der einzige Gast, den ich, ohne ihn hergebeten zu haben, bei mir einlasse, der Wind ist. Ich wohne nämlich unter der Windtreppe, das ist der einzige Ort, wo man mich duldet, und auch das bloß, weil man von meiner Anwesenheit noch nicht Wind bekommen hat. Es war alles Lüge, Lüge, Lüge. Der einzige, der wirklich wußte, wo er sich aufhielt, war sein Kollege Wind, der für Rautenstrauchs alberne Einbildung, eine Treppe als provisorisches Dach über dem Kopf zu haben, nicht einmal ein müdes Lächeln erübrigte.

Opfer

Erdheim las »Die Gesänge des Maldoror«. Im Bett liegend schnitt er mit einem Federmesser Seite um Seite des Buches auf. Dabei schnitt er sich versehentlich in den Zeigefinger der linken Hand. Ich blute, dachte er und fand es aufregend, einem minimalen Schauspiel, als handelte es sich um ein Gemetzel im Weltstil, zu applaudieren. Vergessen war das Buch mit seinen Litaneien feinschmeckerischer Grausamkeit. Erdheim zog es vor, ein Blutvergießen in seinen eigenen vier Wänden heraufzubeschwören. Er brachte sich haarfeine Schnittwunden an beiden Armen bei. Das aus den Ritzen sickernde Blut ließ ein gigantisches Schlachtfeld im Bildraum seiner Gedanken entstehen. Erträumte Schützengräben und Feindeslinien erregten seinen Übermut. Er riß sich das Hemd vom Leib und ließ die Klinge flitzen: kreuz und quer über Brust und Bauch. Seine Gier verlangte nach Verstümmelungen, welche die bisher bekanntgewordenen als harmlose Neckereien entlarvten. Schon wütete die Schneide in der Unterleibsgegend herum und grub sich, von der unverletzten Hand geführt, in die verwundbarste Ausstülpung seines Körpers, deren zarte Nachgiebigkeit den fetzenden Hieben keinerlei Widerstand bot. Die Verwüstung war eine irreparable. Erdheims Gedankenapparat war soweit intakt geblieben, um aus dem furchtbaren Anblick den Schluß zu ziehen, er, Erdheim, habe sich sel-

ber gerichtet, worauf das Opfer unerbittlicher logi-
scher Schärfe das Bewußtsein verlor.

Beschwerde

Estermann fühlte sich durch Lärmeinflüsse beeinträchtigt, welche durch die Bewohnerin der über ihm gelegenen Wohnung verursacht wurden. Seine Bemühung, sich auf die Beschäftigung mit einem Problem zu konzentrieren, scheiterte an seiner Unfähigkeit, die donnernden Schritte seiner Hausgenossin zu überhören. Was für einem Zweck sollte die über seinem Kopf hin und her stampfende Geschäftigkeit dienen, wenn damit nicht eine gegen ihn gerichtete Provokation beabsichtigt war? Dieses Rhinozeros, rief er innerlich schäumend endlich aus, wobei nicht bloß die schlecht im Zaum gehaltene Entrüstung der verwendeten Bezeichnung Sinn verlieh, sondern auch die Tatsache, daß die Bezeichnete ein Gesäß ihr eigen nannte, dessen Fleischesfülle an drei Personen aufgeteilt in etwa der im Normalfall anzutreffenden Größe dieses Körperteils entsprach. Estermanns Entschluß, sich in Form einer sachlich vorgebrachten Beschwerde Gehör zu verschaffen, war bereits so gut wie gefaßt, als die lauten Schritte vom heulenden Gebläse eines Staubsaugers übertönt zu werden begannen. Damit war das Maß mehr als deutlich überschritten. Estermann sprang auf, warf einen Blick in den Spiegel, rückte seine Frisur zurecht und erprobte eine Grimasse, die jedes denkbare Gegenüber unfehlbar in die Knie zwang. Anschließend begab er sich ein Stockwerk höher. Auf sein unerbittliches Klingeln wurde die Tür geöffnet. Drauf und dran, das ihm auf der Zunge liegende höfliche Ultimatum in direkte Rede umzusetzen, hielt der auf das klassische lockenwicklergekrönte Reinemacherinnenantlitz Gefaßte den Atem an. War, was da zum Vorschein kam, nicht der Schädel eines stattlichen Exemplars jener Tierart, deren volkstümliche Bezeichnung auf einen zur Spitze hin sich bedrohlich verjüngenden Nasenauswuchs zurückzuführen war? Tatsächlich handelte es sich sage und schreibe um ein Nashorn, wie es in jedem zoologischen Garten zu bewundern war, wenn auch Estermanns Bewunderung sich in Grenzen hielt. Es blieb ihm nicht einmal Zeit, sich zu fragen, ob er selber durch einen in erregtem Zustand getätigten Ausruf das Phänomen hervorgerufen habe.

Die Spezialanfertigung

Nach dem Tod einer nahen Verwandten fiel Steiper eine mittelgroße Erbschaft zu, die es ihm ermöglichte, sich einen langgehegten Wunsch zu erfüllen. In der obersten Etage eines großen Kaufhauses wurde er von einem Verkaufsangestellten mit einem Angebot an baldachinüberdachten Schlafgelegenheiten vertraut gemacht, das seinesgleichen im Verlauf der Weltgeschichte nicht gefunden zu haben schien. Steiper wehrte ab: Ich hätte gern das Modell, das auf der letzten Seite Ihres Versandkataloges abgebildet ist. Der Verkäufer pfiff leise durch die Zähne. Ich verstehe, sagte er, Sie interessieren sich für die Spezialanfertigung. Dieses Modell haben wir leider nicht an Lager. In diesem Fall, erwiderte Steiper, möchte ich die Anfertigung in Auftrag geben. Drei Wochen später wurde das Bestellte termingemäß ausgeliefert. Die Ausführung entsprach Steipers Vorstellungen. Die Frau lag unter der Decke und sah derjenigen im Katalog zum Verwechseln ähnlich. Wie eine Zwillingsschwester, durchfuhr es Steiper, während er sich die Schlafende von nahem besah.

Auktion

Müde wie ein Schauspieler, der seine Rolle herleiert, ohne zu wissen, welches Tier oder welche Pflanze er verkörpert, brütete Wainhold lautlos vor sich hin. Seine Darstellung, falls er überhaupt im Begriff war, irgend etwas oder irgend jemanden darzustellen, griff an allem Menschlichen vorbei in einen fremden Raum, der nicht nur leer war, sondern körperloses, erinnerungsloses Nichts. Durch den lächerlichen Einbruch nichtssagender Gedanken wurde dieses Schweigen nicht getrübt. Tausende naiver Gemüter schauten so geborsten aus der Wäsche, daß es tatsächlich keinen Wert hatte, sich eines intensiven Gedankenaustausches mit ihnen zu befleißigen. In verdrießlichem Ton rief Wainhold aus: Ist das möglich? Habe ich es soweit kommen lassen, auf einer Auktion hirnloser Späße der unglücklichste aller Sklaven zu sein? Sogar seine Beine machten den Eindruck von etwas Schiefem oder Verdrehtem. Sein ganzes Wesen war ein Vornüberhängen in der Art eines narkotisierten Insekts. Ohne daß eine Mißgestaltung vorlag, die über das durchschnittliche menschliche Maß hinausgegangen wäre, litt er unter einer weitestgehenden Einschränkung seiner Bewegungsfähigkeit. Wer aber brauchte eine solche Karikatur? Wer lachte über ihn? Wer war so selbstverschuldet mißraten, daß Wainholds Anblick ihm Trost versprach?

Versäumnis

Ein junger phantasieloser Mensch stieg in B. aus dem
Zug und wurde durch einen gezielten Schuß getötet.
Rabensteiner saß zu diesem Zeitpunkt in seinem Abteil
und verschlief seine Ankunft. Irgendwann auf der
Strecke zwischen M. und K. erwachte er und geriet
über sein Versäumnis derart in Rage, daß er, wäre die
Angelegenheit dadurch zu retten gewesen, nicht davon
abzuhalten gewesen wäre, den Lokomotivführer mit
Waffengewalt zur Umkehr zu zwingen. Was ihm entging, war die Tatsache, daß er zu spät zu seiner Ermor-
dung gekommen war. Voller Zerknirschung rang er
sich dazu durch, von K. aus telefonische Mitteilung zu
machen. Zu seinem Erstaunen wurde, kaum nannte er
seinen Namen, am anderen Ende der Hörer aufgelegt.
Soweit ist die Sache bereits gereift, sagte er sich wieder
und wieder, während er sich in seiner allerdings grund-
losen Verzweiflung Bier um Bier hinter die Binde goß.

Schatten

Rossbach erstarrte im Schatten, in dem er sich selber
stand. War er das Opfer des winzigsten Bruchteils eines
Betrugs geworden? Stand ihm die abgetrennte Intelli-
genz einer Reitpeitsche unverhofft zur Verfügung?
Nach längerem Zögern gab Rossbach seinen Namen
bekannt. Ich bin Rossbach, erklärte er. Die Katastro-
phe spendete Beifall. Ein einziges Fallbeil lästerte. Ich
habe das Vergnügen, über meine Lage Bericht zu geben, fuhr er fort. Hier sind die Narben ihrer Kratzwun-
den auf meinem zweitletzten Gesicht. Es handelte sich
um Tiere oder Maschinen, Näheres wußte man von ihnen nicht. Sie beeindruckten durch Bedeutungsgewalt.
Sie erkühnten sich, seine Distanziertheit mit Fragen zu
durchlöchern. Ich allein bin der göttliche Hüfthalter.
Ich allein zerstreue mich in der Kunst, keines der Wesen zu mißbrauchen.

Die Niederschrift

Monate, nachdem der Wunsch, ein Bekenntnis abzule-
gen, in ihm erwacht war, wurde von Amtes wegen die
Erlaubnis gewährt; eine Gnade, die in der offiziellen
Geste gipfelte, mit welcher Pille von einem Aufsichts-
beamten Papier und Schreibzeug ausgehändigt wurden. Er machte sich an die Niederschrift: Mein Name
ist Pille. Der Grund für diese Einleitung lag nah. Wie
eine Geisteskrankheit war es über ihn gekommen zu
morden, einer menschengestaltigen Pustel das bißchen
Lepraleben auszupusten. Ohne Umschweife näherte er
sich seinem Thema: Reue und Vergebung, Zweck zwischen ihn und die menschliche Gesellschaft gelegter
Wälle und Gitter. Pille war weit entfernt von schuldbe-
wußtem Abstandnehmen. Er hielt fest an seiner Tat, als
gäbe sie ihm den Halt, der ihm vom Schachtelhalmge-
rippe eines nie nirgendwo vorhanden gewesenen Ge-
wissens zeitlebens verweigert worden war. Den
Schreibdolch, zum Anschneiden bereit, in der Hand
haltend, ging er eine Weile zwischen der Süd- und der
Nordwand seiner Zelle hin und her. Den Umstand, daß
es sich um die Süd- und die Nordwand handelte, rief
er sich keine Sekunde lang ins Bewußtsein. Etwas Un-
umstößliches lag in der Logik, die ihn, kaum war er der
Nordwand zum Berühren nah gekommen, umkehren
und der Südwand entgegen marschieren ließ. Die Rolle
des Sträflings schien ihm keine Mühe zu bereiten, er

nahm sie an wie eine Auszeichnung. Wäre die Zelle mit einem nach Süden blickenden Fenster ausgestattet gewesen, hätte dies als eine Art Privileg bezeichnet werden müssen. Indes, die Fensterwand war die Nordwand. Hätte er, was ihm nicht in den Sinn kam, einen Blick ins Freie werfen wollen, wäre er mit der Notwendigkeit konfrontiert worden, einen Stuhl unter die als Fenster bezeichnete Gitteröffnung zu stellen. Diese war ohne Zuhilfenahme des Möbelstücks nicht zu erreichen. Da er das Unternehmen nicht zu realisieren erwägte, entging ihm ein Ausblick ins Freie, der einen Ausschnitt der gegenüberliegenden fensterlosen Gefängnismauer zeigte. Fünfzehn Minuten vergingen, ehe der Zufall einen zu dreiundzwanzig Jahren Zuchthaus verurteilten Gattinnenmörder vor einem Tisch, der zum Inventar der Zelle Eintausendsiebenhundertachtundvierzig der Bundesstrafanstalt Moosloch gehörte, zum Stillstand kommen ließ. Auf dem Tisch lag ein Blatt Papier. Darauf hatte jemand irgend etwas gekritzelt. Pille erkannte seine eigene Handschrift, zerknüllte das Blatt und warf es in eine Ecke. Auf seinen Ruf näherte sich der wachhabende Beamte, dessen Gesicht in irgendeiner Weise menschenähnlich in der Lukenöffnung erschien. Er entschloß sich, den Dialog zu eröffnen. Ich möchte meinen Anwalt sprechen. Das ist nicht möglich. Pille insistierte. Sein Gegenüber, mit dem sechsten Sinn in Sachen Meuterei begabt, brachte ihm die Gefängnisordnung in Erinnerung. Verstöße dagegen wurden mit einer Verschärfung der Haftbedingungen geahndet. Als wäre über seinem Kopf bereits das niedersausende Beil zu hören, schrie Pille: Ich habe sie nicht umgebracht. Es war meine letzte Warnung, sagte der Beamte und verschwand.

Die Stimme

Nach Mitternacht klingelte das Telefon. Ferse hatte keine Ahnung, wer das sein konnte. Er hob den Hörer ab. Am anderen Ende meldete sich eine Stimme, die ihm mitteilte, daß er falsch verbunden sei. Aber, sagte Ferse, der sich nicht so schnell verunsichern ließ, ich habe doch niemanden angerufen. Unverschämtheit, ließ sich die Stimme, die Ferse deutlich als seine eigene erkannte, vernehmen, worauf die Verbindung mit einem krachenden Geräusch erstarb.

Experimente

Niemer lag grundsätzlich nichts daran, zur Wahl zu
stehen. Selbst wenn er sich schlecht fühlte, lächelte er.
Selbst wenn er sich schlecht fühlte, war er nicht wirklich schlecht. Er hatte alle gegen sich, Blutmüller,
Stuart, sogar Georg. Wenn er sich in ein Café setzte,
kroch irgendeiner von ihnen unter dem Tisch hervor.
Wenn er sich Gesicht und Hände wusch, sah ihm Blut-
müllers Blick aus dem Spiegel entgegen. Wenn er an einem warmen Septemberabend, müde von der Arbeit,
nach Hause ging, lief Stuart an seiner Seite. Und war er
endlich allein, hörte er Georgs Stimme wie aus einem
traumhaften Rauschen ferner Wellen emportauchen.
Seine Stimme sagte zum Beispiel: Ich habe dich immer
für eine etwas schwerfällige Erscheinung gehalten.
Oder: Ich fürchte, du bildest dir ein, daß wir eine Art
Beziehung miteinander haben. Oder: Es interessiert
mich nicht, in was für Experimente du dich stürzt.

Der Grund

Warum scheiterte Werting? Eines Abends saß Werting in seiner Wohnung, als das Licht ausging. Werting brachte den Schaden in Ordnung und setzte sich auf einen Stuhl, auf dem er gesessen hatte, bevor das Licht ausgegangen war. Der Grund, weshalb Werting scheiterte, lag auf der Hand.

Lösung eines Problems

Jedes Ding hatte seinen Ort in der Welt, bloß Lienhart nicht. Lienhart war überflüssig. Niemand gedachte seiner. Niemand hatte ihn nötig. Das war Lienharts Ort, den zu verlassen er nicht anstrebte.

Stille

Die Zeit wurde unterbrochen durch ein Geläut, das ein Gebimmel genannt zu werden verdiente. Dann war auch dieses wieder vorbei. Zipfel aß einen Apfel, bis aufs Kerngehäuse, dieses warf er weg. Damit war der ganze Apfel weg, ohne aufgehört zu haben, als reine Substanz in seiner inneren Verfassung weiterzuexistieren. Erfuhr man, indem man ihn aß, was ein Apfel war? Sämtliche ihn in irgendeiner Weise betreffenden Vorgänge überwachte sein innerer Vatikan. Apfelmahlzeiten hatten eine berüchtigte Vorgeschichte. Eine ganze Welt von Vorgängen kam in dem Gedanken zur Ruhe, daß keine Anstrengung unternommen zu werden verdiente. Zipfel sah zwei Glockentöne auf einem Ast vor seinem Fenster sitzen. Die Glockentöne unterhielten sich miteinander. Ich bin eine Prothese, sagte der eine der beiden. Ich verkörpere einen peinlichen Zwischenfall, antwortete der andere. Laß uns gemeinsam die Bühne des Verstummens betreten, schlug der erste vor. Dann war es mit einmal wieder still.

Die Arbeit an diesem Buch wurde durch je einen Beitrag der
Pro Helvetia und des Migros-Genossenschaftsbundes unterstützt.

Inhalt

Der Koffer 11

Der Brief 13

November 14

Im Café 15

Ruderlage 16

Ein Erlebnis 18

Die Fliege 19

Das Fenster 20

Gwenda 22

Die Namen der Schiffe 23

Die Winkeltheorie 24

Freiwild 28

Balgerei 30

Das Zimmer 31

Der Pullover 33

Das Frühstück 35

Aus dem Verkehr gezogen 36

Schau dir das Licht an 37

Wind 38

Hasenfuß 39

Harry ist eine Schraube 40

Küß mich einmal ordentlich 42

Das Syndrom 43

Prozeß 49

Taxi 51

Am Ende der Straße 53

Doppelnatur 54
Der Geldgeber 55
Weigerung 70
Razzia 71
Vor dem Spiegel 73
Musterknabe 74
Mundpest 75
Die Nelke 76
Fata Morgana 77
Fleisch 78
Der Reorganisator 79
Die Ampel 87
Im Namen deklassierter Wesen 88
Alles Entscheidende über Telefonapparate 89
Die Windtreppe 90
Opfer 91
Beschwerde 93
Die Spezialanfertigung 95
Auktion 96
Versäumnis 97
Schatten 98
Die Niederschrift 99
Die Stimme 102
Experimente 103
Der Grund 104
Lösung eines Problems 105
Stille 106

Deutschsprachige Literatur
in der edition suhrkamp:
Prosa

Eva-Maria Alves: Maanja. Meine Freundin, meine Mutter, meine Puppe. Eine Anrufung. Zeichnungen: Alexandra Albrand. es 1159

– Neigung zum Fluß. Mit 16 Fotos von Christiane P. Scharlau. es 1083

Renato P. Arlati: Auf der Reise nach Rom. Prosa. Auswahl und Nachwort von Franz Böni. es 1053

Reinhold Batberger: Drei Elephanten. es 1459

Martin Roda Becher: Unruhe unter den Fahrgästen. ›Aufzeichnungen‹. es 1352

Jürgen Becker: Umgebungen. es 722

Thomas Bernhard: Prosa. es 213

– Ungenach. Erzählung. es 279

Franz Böni: Alvier. Erzählungen. Mit einem Nachwort von Samuel Moser. es 1146

– Hospiz. Erzählung. es 1004

– Der Johanniterlauf. Fragment. es 1198

Nicolaus Bornhorn: Der Film der Wirklichkeit. es 1154

Volker Braun: Berichte von Hinze und Kunze. es 1169

– Es genügt nicht die einfache Wahrheit. Notate. es 799

Bertolt Brecht: Die Geschäfte des Herrn Julius Caesar. Romanfragment. es 332

– Prosa. Bd. 1–4. es 182–185

– Der Tui-Roman. Fragment. es 603

Hans Christoph Buch: Der Herbst des großen Kommunikators. Amerikanisches Journal. es 1344

Michael Buselmeier: Der Untergang von Heidelberg. es 1057

Esther Dischereit: Joëmis Tisch. Eine jüdische Geschichte. es 1492

Hans Magnus Enzensberger: Das Verhör von Habana. es 553

– Der Weg ins Freie. Fünf Lebensläufe überliefert von Hans Magnus Enzensberger. es 759

Gerold Foidl: Scheinbare Nähe. es 1237

Max Frisch: Ausgewählte Prosa. Nachwort von Joachim Kaiser. es 36

Werner Fritsch: Steinbruch. es 1554

Peter Greiner: Wie Bombenleger-Charly leben ... Sozialverhalten. Geschichten und Szenen. es 1356

Norbert Gstrein: Einer. Erzählung. es 1483

Reto Hänny: Ruch. Ein Bericht. es 1295

– Zürich, Anfang September. es 1079

Peter Handke: Phantasien der Wiederholung. es 1168

Hermann Hesse: Tractat vom Steppenwolf. Nachwort von Beda Allemann. es 84

Deutschsprachige Literatur
in der edition suhrkamp:
Prosa

Ulrich Holbein: Samthase und Odradek. es 1575

Uwe Johnson: Jahrestage. Aus dem Leben von Gesine Cresspahl. 4 Bde. im Schuber. es 1500

– Karsch, und andere Prosa. Nachwort von Walter Maria Guggenheimer. es 59

– Porträts und Erinnerungen. Herausgegeben von Eberhard Fahlke. es 1499

– Versuch, einen Vater zu finden. Marthas Ferien. Tonkassette mit Textheft. Mit einem editorischen Bericht von Norbert Mecklenburg. es 1416

Bodo Kirchhoff: Body-Building. Erzählung, Schauspiel, Essay. es 1005

Bettina Klix: Sehen Sprechen Gehen. Prosa. es 1566

Alexander Kluge: Gelegenheitsarbeit einer Sklavin. Zur realistischen Methode. es 733

– Lernprozesse mit tödlichem Ausgang. es 665

– Neue Geschichten. Hefte 1-18. ›Unheimlichkeit der Zeit‹. es 819

– Schlachtbeschreibung. Roman. es 1193

Werner Koch: Intensivstation. Erzählung. es 1173

Wolfgang Koeppen: Morgenrot. Anfänge eines Romans. es 1454

Franz Xaver Kroetz: Frühe Prosa / Frühe Stücke. es 1172

Dieter Kühn: Ausflüge im Fesselballon. Roman. Neufassung. es 656

Jürg Laederach: Vor Schrecken starr. Fixierungen, Stechblicke, Obsessionen. es 1503

– Der zweite Sinn oder Unsentimentale Reise durch ein Feld Literatur. es 1455

Jean Lessenich: »Nun bin ich die niemals müde junge Hirschfrau oder der Ajilie-Mann«. es 1308

Gertrud Leutenegger: Das verlorene Monument. es 1315

Uwe Maeffert: Bruchstellen. Eine Prozeßgeschichte. es 1387

Gert Mattenklott: Blindgänger. Physiognomische Essays. es 1343

Frank-Wolf Matthies: Tagebuch Fortunes. es 1311

Friederike Mayröcker: Magische Blätter. es 1202

– Magische Blätter II. es 1421

Bodo Morshäuser: Revolver. Vier Erzählungen. es 1465

Hans Erich Nossack: Pseudoautobiographische Glossen. es 445

Erika Runge: Frauen. Versuche zur Emanzipation. es 359

Einar Schleef: Die Bande. Erzählungen. es 1127

Peter Schwacke: Carte blanche. Erzählungen. es 1164

Split: Apfelsinen im Hals. Geschichten. es 1558

Karin Struck: Kindheits Ende. Journal einer Krise. es 1123

300/2/4.89

Deutschsprachige Literatur
in der edition suhrkamp:
Prosa

Karin Struck: Klassenliebe. Roman. es 629

Thank You Good Night. Herausgegeben von Bodo Morshäuser. Alle Fotos: Michael Strauss. es 1227

Joachim Veil: Die Wiederkehr des Bumerangs. es 1137

Walter Vogl: Hassler. Frequenzritte eines Straßenkehrers. es 1182

Von nun an. Neue deutsche Erzähler. Herausgegeben von Hans-Ulrich Müller-Schwefe. es 1003

Martin Walser: Eiche und Angora. Eine deutsche Chronik. es 16

– Geständnis auf Raten. es 1374

– Lügengeschichten. es 81

Peter Weiss: Abschied von den Eltern. Erzählung. es 85

– Die Ästhetik des Widerstands. Roman. es 1501

– Fluchtpunkt. Roman. es 125

– Das Gespräch der drei Gehenden. es 7

– Notizbücher 1960-1971. 2 Bde. es 1135

– Notizbücher 1971-1980. 2 Bde. es 1067

– Der Schatten des Körpers des Kutschers. es 53

Sinclair (P. Weiss): Der Fremde. Erzählung. es 1007

Josef Winkler: Die Verschleppung. Njetotschka Iljaschenko erzählt ihre russische Kindheit. es 1177